销冠成交话术

成昱元 著

中国友谊出版公司

图书在版编目（CIP）数据

销冠成交话术 / 成昱元著. — 北京：中国友谊出版公司，2025.4. — ISBN 978-7-5057-6088-2

Ⅰ. F713.3；H019

中国国家版本馆 CIP 数据核字第 2025RB0392 号

书名	销冠成交话术
作者	成昱元
出版	中国友谊出版公司
发行	中国友谊出版公司
经销	新华书店
印刷	天宇万达印刷有限公司
规格	670 毫米×950 毫米　16 开 11 印张　122 千字
版次	2025 年 4 月第 1 版
印次	2025 年 4 月第 1 次印刷
书号	ISBN 978-7-5057-6088-2
定价	49.80 元
地址	北京市朝阳区西坝河南里 17 号楼
邮编	100028
电话	（010）64678009

目 录
CONTENTS

第一章　直播间留住粉丝的销冠话术

01　卖货主播的人设定位话术　// 002

02　开播时的黄金30秒话术　// 007

03　介绍产品的吸睛话术　// 012

04　锁住信任的加固话术　// 021

05　回应弹幕的互动话术　// 025

06　直播事故时的救场话术　// 028

第二章　直播间促进成交的销冠话术

01　打破隔阂的幽默话术　// 034

02　挖掘痛点的精准话术　// 044

03　点燃热情的氛围话术　// 048

04　掌控节奏的控场话术　// 052

05　引导客户的提问话术　// 056

06 解决问题的答疑话术 // 059

07 促成下单的催单话术 // 064

第三章 线下六大行业销冠话术速查

01 服装行业的销冠话术 // 068

02 快消品行业的销冠话术 // 072

03 保险行业的销冠话术 // 076

04 汽车行业的销冠话术 // 081

05 房地产业的销冠话术 // 085

06 科技行业的销冠话术 // 089

第四章 电话销售的销冠话术

01 做足准备,让电话不再被秒挂 // 094

02 客户说"没兴趣"?不如这样巧妙回答 // 099

03 用话术搭建信任桥梁,让沟通更深入 // 104

04 完美收尾话术,为下次沟通埋下伏笔 // 108

05 精准把握客户需求,提供针对性解决方案 // 113

第五章　快速成交的进阶话术

01　销售过程中谈折扣的话术　// 118

02　让小利吸引成交的话术　// 125

03　应对客户拒绝或挑剌的话术　// 129

04　找准时机促进成交的话术　// 133

第六章　签单不是结束，而是刚刚开始

01　与客户建立长期稳定关系的话术　// 138

02　用赠品和增值服务给顾客带来惊喜的话术　// 141

03　做好售后反馈，让服务更上一层楼　// 145

附　录　精华：销冠必背的103条话术

开场的破冰话术　// 152

激发客户购买欲望的话术　// 153

如何和客户建立信任的话术　// 154

直击客户痛点的话术　// 155

进行价格谈判的话术　// 156

客户犹豫不决时的催单话术　// 157

客户有异议时的应对话术 // 159

挖掘客户需求的话术 // 160

直播间成交话术 // 161

电话销售成交话术 // 162

售后服务锁客的话术 // 163

朋友圈营销话术 // 165

第一章

直播间留住粉丝的销冠话术

01 卖货主播的人设定位话术

在直播间卖产品，产品固然重要，但更重要的是主播本身。

一个优秀的卖货主播，不仅要熟悉产品，更要精心构筑一个坚不可摧的人设，让客户从心底认可并信赖你，从而心甘情愿为你的产品买单。在这个过程中，我们自身就是行走的品牌，我们的形象、态度和专业能力都是带货的关键，一举一动都关乎成交量。

想要成功推销你的产品，首先要把自己"卖"出去，建立好自己的人设，精准定位自身"卖点"，如同挖掘宝藏般，梳理出自己与众不同的闪光点，这是吸引客户的独特魅力所在。

立人设，就是让别人建立起对你的印象，这包括你的形象、服装、造型、性格以及直播间风格等，通过设置这一系列的记忆点，来美化你的人设，强化你在消费者心里的正面形象。

下面是一些常见的赛道和人设实例：

赛道	内容	常见人设
美食	线下商铺美食券、生鲜食材、特色美食小吃、预制菜、健康养生食品、烘焙食材及成品等	美食达人 美食推荐官 健康饮食倡导者
家居	家具、家居饰品、家纺、厨房卫浴用品、清洁用品等	好物推荐人 家居测评者 家居买手 改装达人
服饰	女装、男装、童装、时尚配饰、运动服饰等	时尚穿搭者 服饰测评师 服装设计师
母婴	婴儿食品、婴儿用品、孕妇用品、母婴护理服务等	新手妈妈 母婴专家 母婴产品推荐测评官 科学育儿官

比如这些常见人设：

卖美食的化身"地表最强干饭姐"，凭借"犯傻可爱"风格，外加对美食的专业品鉴，迅速拉近与食客的距离；

卖海产品的成了豪爽"赶海大哥"，段子随口就来，撑人毫不留情，尽显渔家真性情；

商场打折服装区有"良心买手"把关，眼光独到、砍价犀利，为消费者"披荆斩棘"找实惠；

健身减肥领域则是"一字马小仙女"，运动达人的专业示范，搭配贴心教练的细致指导，活力满满吸睛无数。

人设初步成型后，还需全方位、无死角地展示。设定专属口头禅，让观众一听就印象深刻。

下面就带你直击几种低成本、快速见效的代表性人设的打造话术。

1. 打造搞笑型人设的话术

主播包袱不断、机灵抖不停，亲和力拉满，把直播间变成老友相聚的欢乐场，观众戒备全无，心扉大开。

销冠话术

"这款暖手充电宝，比你的前任还贴心，出门带上它，保暖效果杠杠的。前任是什么？不知道！"

"来来来，大家好，你现在看的是一个三观比五官正、钱包比脑袋空的主播。"

"多的不说，少的不唠，抽烟喝酒伤脾胃，不如来喝点茶，点个关注，主播给你们推好货。"

"玩归玩，闹归闹，点个关注不迷路，来来来，你们想要的我今天都给你们带来了。"

错误话术

"哎呀，各位美女帅哥呀，今天给你们带来这款好货哦，你们看我这身材，是不是就跟这产品一样火辣呀。"

分析：这种话术带有明显的暧昧暗示，会让观众尤其是女性观众感到非常不舒服，觉得主播不专业且品行不端，严重破坏卖货的正常氛围，也损害了主播在观众心中的形象。

"大家好，今天售卖的这款产品，它具有很好的性能，是一款不错的产品。关注主播不迷路，大家可以下单购买。"

分析：此话术只平铺直叙，缺乏幽默元素和情感渲染，语言表达生硬，很难吸引观众的注意力。

"有观众说这款衣服不合适，那我只能告诉你，你的眼光有问题。"

分析：这类话术态度生硬，不够友好，甚至对观众人身攻击，会让观众感到气愤。

2. 打造性价比之王人设的话术

此人设聚焦产品高性价比，让消费者认定"买到即赚到"。秉持低价不等于低质的理念，凸显物超所值的魅力。频繁对比同类产品价格，主动分享优惠券、限时折扣信息，化身省钱小助手。

销冠话术

"姐妹们，这个价格，你看到之后就会乐开花，你真的会笑出声。"

"不求贵货，只求性价比好货，让大家每一分钱都花在刀刃上！"

"同样的品质，市面上至少上百，而我这里，不要99，也不要89，连59都不要，只要39！39，你还等什么？"

> "走过路过别错过,各位宝子可以在评论区许愿,下次想拥有什么好价商品?"
>
> "别急别急,主播这周就能把价格给你们打下来!"

值得注意的是,低价人设固然吸引眼球,能吸引不少追求实惠的消费者,但随之而来的也有种种争议,比如卖陈年旧货、专业清库存、卖临期产品等。所以,低价人设想要走得更长远,还得靠实力和口碑的双重加持。毕竟,只有真正的实力派,才能在江湖上笑到最后!

✗ 错误话术

"我们的产品绝对比别家便宜,不信你去比!""买了就是赚了,不买后悔一辈子!"

分析:这类话术过于绝对,可能引发不必要的竞争和争议。并且使用恐吓式营销,不利于主播和消费者建立信任关系。

"这个产品原价588元,现在只要28元,亏本大甩卖!"

分析:如果长期使用此策略,消费者可能会对"亏本"的真实性产生怀疑,对促销的真实性和频率产生疑问。

"不买不是中国人!"

分析:利用民族情感进行营销,非常容易引发不必要的争议和负面情绪。

02 开播时的黄金30秒话术

在直播行业竞争激烈的当下，直播的前30秒尤为关键，这是决定观众是否会留下来继续观看的黄金时间。

1. 开播留人话术

在正式介绍产品前，要先留住观众。

福利优惠是吸引和留住观众的撒手锏。巧妙地安排福利活动，不仅能激发观众的购买欲望，还能提高他们的忠诚度。在开播之初，直接抛出秒杀、抽奖、买赠活动，并且在后续的直播过程中，每5分钟左右就要重复提醒一次，吸引新进入直播间的观众。

下面是一些开播留人话术示例：

> **销冠话术**
>
> "家人们，欢迎来到我的直播间！盼星星盼月亮，终于把你们盼来了，太开心啦！话不多说，咱们先来抽波奖。"

"进来的朋友们不要走，主播要给大家发红包了。"

"进来的朋友们点个关注，关注达到1000，主播就给大家发红包。"

"亲爱的观众们，每5分钟我们就会有一轮新的抽奖，所以请保持关注，不要错过任何一个中奖的机会！"

"咱们这个直播间每个整点都会抽奖，大家记住时间，不要错过。"

"没有抽到奖的宝宝们不要着急，更大的惊喜在后头。下面就给大家介绍一款秒杀商品……"

"你们准备好抽奖了吗？有3位宝宝今天可以免费把我们的产品带回家！"

"大家好，今天直播正式开始前的10分钟，我会在直播间发放一波红包，金额随机，先到先得，快来抢红包吧！"

"接下来我会出一道谜语，第一个猜对的观众可以获得我们的精美礼品一份哦。"

"今天的奖品真是超级吸引人！主播拿到这个奖品的时候就特别心动，今天我们将抽出几位幸运观众，让他们把奖品带回家。"

2. 开场预告话术

接下来，轮到开场预告登场。开场预告是为了说明直播的目的，主播可以先简单地介绍一下本场直播的商品清单、优惠情况及活动玩法，预告直播间即将推出的重磅产品，提升观众的期待值，为接下来的内容做好铺垫。

销冠话术

"新产品,新体验,今晚我们将全球首播,带你领略最新的科技魅力!"

"今天要直播的化妆品品牌阵容豪华,至于是这些品牌的哪些产品,我先卖个关子,但是主播保证价格一定是全网最低!"

"衣服、零食、电器、护肤品,应有尽有。大家期待了很久的某奢侈品牌爆款香水,我也给大家争取到了,折扣绝对让大家满意,赠品也超级丰富。"

"我们今天的直播全部都是厂商直接供货,优惠力度比以往都要大。接下来,先给大家快速过一遍所有的产品……"

"考验你手速的时候到了,今晚我们将有一波限时抢购活动,价格低到你无法想象。数量有限,先抢先得,赶快行动吧!"

"今晚,我们将带来一系列明星产品,这些产品都是我们精心挑选的,品质优越,保证让你爱不释手。"

"冬天来了,我们直播间也准备了一系列的应季产品,包括羽绒服、棉服、围巾、手套、暖手宝……今晚保证让您满载而归!"

"今天晚上有一款惊喜商品,是我们的主推王牌产品,优惠很给力。上次我们不到30秒就抢完了,今天可能更快,喜欢的宝子千万要抓住机会。"

"紧跟时尚潮流，今晚我们上的都是品牌最新产品，直播间提前销售，让你成为时尚的先行者！"

"各位时尚达人，你们的购物车准备好了吗？今晚我们将带来一系列潮流新品，从街头时尚到高端定制，总有一款能触动你的心弦。而且，价格绝对让你意想不到！"

"护肤界的达人们，你们期待已久的大牌护肤品今晚终于来了！不仅有口碑极佳的经典产品，还有最新推出的科技新品。主播将为大家一一揭晓，并带来前所未有的优惠哦！"

"各位电子产品爱好者，你们的福利时间到了！今晚我们将带来多款热门电子产品，从手机到平板，从耳机到智能手环，每一款都是精品。而且，价格绝对让你满意，快来抢购吧！"

3. 引导关注话术

关注，是所有直播平台的一个重要指标，它决定了你的直播间在平台上的可见度。当观众关注你的直播间后，他们才会在平台的首页、关注列表或推荐栏中更容易看到你的直播通知，从而增加你的曝光率。直播时一定要趁热打铁，用话术引导观众点下那个"关注"按钮。

销冠话术

"快来加入我们的大家庭吧，点击关注，确保你不错过任何精彩绝伦的直播！"

"大家好啊！如果你还没关注，那就快点点那颗小心心，这样下次主播开播时你就能第一时间收到通知，不会迷路了哦！"

"感谢各位小伙伴的鼎力支持，还没关注我吗？快来加入吧，我每天都会带来新鲜出炉的超值优惠噢！"

"欢迎朋友们来到我的直播间，希望朋友们多多支持，多多捧场关注！"

"只要关注人数超过1000，我就送出一份价值500元的大礼包。快来助力，让我们一起冲刺吧！"

"如果你喜欢我的直播内容，别忘了点击屏幕下方的关注按钮哦，这样你就不会错过我的每一次直播啦！"

"为了感谢大家的支持，我特意为关注我的朋友们准备了专属福利！还没有关注的朋友，只需点击关注按钮，你就有机会获得大额优惠券哦！"

"我们每周三和周五都会有限时抢购专区的福利，关注我们的直播间，带你薅羊毛乐不停！"

"我们现在来玩个小游戏，每隔15分钟我都会从关注列表里随机抽取一位幸运观众，送出惊喜礼物。快来参与吧，说不定下一个幸运儿就是你。"

03 介绍产品的吸睛话术

产品介绍的艺术在于精准解决三个核心问题：第一，这款产品能做什么？第二，它能如何改善你的生活？第三，它为何在众多产品中脱颖而出？

产品介绍如同那支决定战局的利箭，要想一箭中的，以下的关键话术必不可少：

1. 提升转化率的话术

产品品质

亮出产品的硬实力，让信任成为购买的催化剂。无论是可观的销量数字、网友的热烈好评、网红的强力推荐、官方的权威资质，还是专家的专业认证，都是你手中的王牌。

> **销冠话术**
>
> "这款产品,在我的直播间已经热销超过3万份了,口碑爆棚……"
>
> "大家熟悉的网红小美也在使用这款产品,看她的肌肤变化,效果是不是超级明显?"
>
> "这些都是真实买家留下的评价,这款产品已经在我们直播间爆卖超过5万件,大家的选择错不了!"
>
> "连皮肤科专家都推荐的护肤品,你还在等什么?专家的选择,值得信赖。"
>
> "这款榨汁机荣获国际设计大奖,品质保障,是您健康生活的优选。"

2. 专业性说明话术

专业性是说服观众的基石,可以从产品的功效、成分、价格、使用效果、适用人群等多个角度进行专业解读。

> **销冠话术**
>
> "这款精华液含有高浓度的透明质酸,能够深层补水,让你的肌肤如同婴儿般嫩滑。"
>
> "你可能觉得这个价格有点小贵,但想想它能给你带来的改变,这绝对是一次值得的投资。"
>
> "一起来看看成分表,全是天然植物萃取,无添加,敏感

肌的救星就在这里。"

"这款眼霜中添加了珍贵的玫瑰果油，能够有效减少细纹，让你的双眼焕发年轻光彩。"

"SPF50+高倍防晒指数，让你在阳光下无忧享受夏日时光。"

3. 场景化介绍

场景化的描述能够唤起观众的共鸣。用生动的比喻，将抽象的概念具体化，将具体的物品情感化。

销冠话术

"这瓶香水，就像第一次恋爱的味道，甜蜜又美好。"

"无论是上班族还是学生党，这款护眼灯都能满足你们的需求，在眼睛干涩敏感时，为视力保驾护航。"

"在一个慵懒的周末下午，你穿着这款柔软的毛衣，手捧一杯咖啡，享受悠闲的居家时光。"

"这不仅仅是一支口红，它也是你自信的源泉。"

"你们有没有在冬天冻得手脚冰冷的经历？这款暖手宝，就是你的冬日救星，温暖你的整个冬天。"

"周末家庭聚会时，这款多功能料理机帮你轻松搞定各种美食，让你成为聚会中的大厨。"

"繁忙的工作间隙，用这款便携式咖啡机为自己冲泡一杯香浓的咖啡，让自己瞬间焕发活力。"

要想让你的产品介绍充满说服力，关键在于将产品的独特卖点与消费者的痛点完美对接。对接得越精准，消费者对产品的好感就会越强烈。

4. 介绍不同品类产品的话术

美妆类产品

在介绍美妆产品时，需要重点介绍商品的质地（如液体、膏体或粉末）、价格、容量、使用方法，并亲身试用，直观地向观众展示商品的使用效果和体验。

（1）底妆类：强调色号、适合的肤质、持久度、滋润度和遮瑕度。

> 🎯 销冠话术
>
> "这款粉底液遮瑕力超强，而且持久不脱妆，让你一整天都保持完美妆容！"

（2）唇妆类：测评是否容易沾杯，展示色号、持久度、滋润度，以及适合搭配的腮红和眼妆。

> 🎯 销冠话术
>
> "看看这个口红，色泽饱满，持久不沾杯，让你的双唇随时散发魅力。"

（3）眼妆类：介绍眼线的持久度、防水性；眼影的质地、细腻度，以及适配的妆容风格；睫毛膏的功效（浓密、卷翘）、刷头形状，以及观众非常关注的是否会出现"苍蝇腿"的情况。

销冠话术

"采用S型极细刷头，超密刷毛，让你的睫毛浓密卷翘，告别'苍蝇腿'！"

服装类产品

在介绍服装类产品时，需要重点介绍服装的面料、材质、舒适度等方面，提供一些穿着思路和适配的场合。主播最好能够上身试穿，通过近景展示服装的设计细节，通过远景让观众看清服装的整体效果，帮助观众更全面地了解产品。

（1）面料材质：介绍服装的面料成分，如棉、涤纶、麻或其他特殊材料，以及它们的特性，比如透气性、舒适度、保暖性或抗皱性。例如纯棉透气吸汗、聚酯纤维挺括不易变形、皮质防风高档、羊羔绒保暖悬垂性好。多用近景镜头来展示面料的纹理和柔软度。

销冠话术

"这款连衣裙采用进口丝绸面料，100%天然桑蚕丝，手感丝滑，穿着舒适，而且剪裁独特，非常凸显身材曲线。"

（2）版型风格：指出服装的版型优点。比如宽松型T恤遮肉、修身型衬衫凸显身材曲线。同时，说清楚服装属于哪种风格，比如学院风、小香风、森女风、职场风等。描述服装的整体颜色及其带来的感受，比如白色优雅、粉色可爱、黑色沉稳等。

> **销冠话术**
>
> "这件polo衫采用学院风设计，经典的红白条纹，非常显皮肤白，宽松风格，简约又活泼，非常适合学生党或者是刚入职场的年轻人。"

（3）款式尺码：描述服装的款式，包括剪裁、版型、领型等。清晰介绍服装的尺码，包括上衣的胸围、腰围、袖长以及裤子的腰围、臀围和裤长。

> **销冠话术**
>
> "这款针织毛衣是有弹性的，平铺胸围是90厘米，弹性非常好，适合胸围在85到95厘米之间的女生穿着。"

（4）穿着场景或搭配：说明服装适合的穿着场合，如休闲、正式、运动或特定季节。在介绍服装搭配时，主播不能仅停留在口头描述，最好展示出整套服装的搭配，包括鞋子、眼镜、帽子等配饰。对于主推的款式，可以做多套不同风格的搭配展示，拉高服装的性价比。

> **销冠话术**
>
> "这款卫衣超级百搭,既能搭配牛仔裤、运动裤,也能配上短裙和小皮鞋,无论是休闲还是约会,都能轻松驾驭。"

美食类产品

介绍美食类产品时,主播必须"火力全开",直击观众的味蕾,传递出食物的美味和特色,并且强调食品安全,确保原材料绿色健康。

(1)口感风味:描述食品的口味,如甜、咸、辣、酸等,以及任何独特的风味或香料。用生动的语言描述美食的口感,如酥脆、软糯、鲜美等。可以当场拆包、加工、试吃,展示食物的真实味道,让观众通过视觉和听觉感受到美食的魅力。

> **销冠话术**
>
> "饼干非常酥脆,咬一口下去,满口都是浓郁的奶香和黄油香,在口腔里面回味无穷。"
>
> "这款北京烤鸭的特色在于其独特的秘制酱料,让您尝到正宗的老北京味道。"

(2)食材功效:强调食材的新鲜度、有机或天然来源,是否有特殊的种植或养殖方法。提供食品的营养成分信息,如热量、蛋白质、维生素和矿物质含量。强调食品的健康益处，如天然、无添加、低糖或富含特定营养成分。

> **销冠话术**
>
> "每一袋'每日坚果'里都含有丰富的蛋白质、维生素和微量元素，非常适合为打工人补充营养。"

（3）制作工艺：介绍食品的制作过程，比如传统的、手工的或特殊的制作方法。如果食品具有特定的文化或地理特色，如地方特产、民族风味，可以增加吸引力。

> **销冠话术**
>
> "我们的老泡菜源自四川乐山，传承了百年的泡菜制作技艺，选用四川当地的优质蔬菜，经过自然发酵，口感酸辣适中，开胃解腻。"

（4）食用方法：介绍食品的食用方法，包括准备、烹饪或保存的建议。

> **销冠话术**
>
> "这款冷萃咖啡液可以直接加入冰水、牛奶里冲泡，非常适合夏天饮用。冷萃工艺让咖啡口感非常顺滑，一点都不会苦涩。"

三、10分钟单品话术流程

直播时间有限，话术需要足够简洁凝练，并且适时表达产品卖点。一场直播中，单品的展示时间通常在3~10分钟左右。那么如何在这么短的时间内进行高效介绍，并促使观众下单购买呢？

第一步：痛点引入（2分钟）

用问题吸引观众，引入痛点，让观众产生共鸣，为产品卖点做铺垫。比如针对一款睡眠耳罩商品，可以向观众提问："晚上噪声太大，睡不着，该怎么办？"

第二步：卖点展示（3分钟）

直接点出产品的独特卖点，简洁描述产品如何解决观众的痛点。比如睡眠耳罩的独特卖点是"吸收噪声声波"。

第三步：产品展示（3分钟）

展示产品的外观，以及实际使用的效果，通过现场使用，让观众直观感受产品性能。比如现场戴上耳罩，描述戴上之后对噪声的感受，与观众互动，让观众仿佛身临其境，看到实际效果。同时，在介绍上一个产品时，也可以时不时地穿插介绍其他产品，让所有产品得到充分曝光。

第四步：促单成交（2分钟）

宣布限时限量销售，提供惊喜最低价，强调数量有限，营造紧迫感。比如："只有500单，抢完即止。"引导观众立即下单，同时提醒加入粉丝团享受优惠。

04 锁住信任的加固话术

价格或许是吸引客户的诱饵，但信任才是成交的金钥匙。无论你手中的商品多么价廉物美，如果无法赢得客户的信任，一切都是浮云。

如果有些粉丝经常光顾直播间，却迟迟不下单，那就需要反思一下了，是否客户对产品或是对主播的信任度不够高？

这时我们可以用话术来引导。

1. 强调产品质量的话术

🎯 销冠话术

"家人们，咱们这款产品真的是品质天花板！从原材料的精心筛选，到生产过程的严格把控，每一个环节都力求完美。我自己用了之后就被彻底圈粉了，质量真的没话说，闭眼入不亏！"

"新进来的宝子们注意了！今天给大家带来的这款宝贝，

质量经得起时间的考验。我们不玩虚的，就靠实实在在的品质说话。它的材质都是行业内顶级的，做工精细到每一个细节，买回去用着绝对安心、放心！"

2. 展示产品真实体验的话术

销冠话术

"我们在这里直播，就是为了给您一个真实的产品体验。我们没有任何隐藏，您看到的就是您将得到的。"

"宝子们，我可是把这款产品从头到尾、里里外外都体验了个遍！原本还担心可能出现问题，结果完全没有！而且它的设计特别贴心，就像专门为我这种挑剔的用户定制的一样。真的太惊喜了！我自己用着好，才敢推荐给你们，相信你们用了也会和我一样爱它！"

3. 互动式展示的话术

销冠话术

"留言区大家说想看看产品的内部结构，没问题！我这就给你们拆一个，让你们看得清清楚楚、明明白白。"

4. 展示客户好评的话术

> 销冠话术

"这些客户评价,都是我们产品质量的最佳证明。我相信,您也会成为他们中的一员。"

"宝子们,看看这些来自客户的真实反馈!好多人都说咱们这款美食的口感绝了,吃一口就停不下来。看这位健身达人说,这款食品低卡营养还美味,既能满足口腹之欲,又不用担心长胖。再看这位长辈说味道很正宗,吃着很放心。这么多好评,足以证明我们的产品品质,大家放心下单,不好吃算我的!"

5. 和客户建立联系的话术

> 销冠话术

"选择恐惧症也不怕,我在这里就是为了帮助大家选出最适合自己的产品。面对这么多选择,一时拿不定主意很正常。我平时就喜欢研究这些产品,对它们的优缺点都很了解。宝子们可以把问题打在公屏上,我们一边选一边答疑解惑。"

6. 跟客户互动答疑的话术

销冠话术

"哇，这位朋友问得好呀！你这问题就像黑暗中的一束光，照亮了直播间的'知识盲区'。我跟你说，这个问题我可是研究得透透的，保证给你一个满意的答案。要是我讲得还不够清楚，你就直接在公屏上'炮轰'我，我随时接受'拷问'，一定让你明明白白！"

7. 强调售后服务的话术

销冠话术

"有宝子在公屏上担心售后问题，我懂！但在咱这儿，完全没必要。我们有完善的售后体系，售后客服24小时在线，不管是白天还是晚上，只要你有问题，一个消息，客服秒回。而且，如果产品需要返厂维修，我们会承担来回的运费，不让你多花一分冤枉钱。大家就放心下单，大胆买！"

"家人们，现在这个试用的机会不用花一分钱！大家如果对我们的产品心动，不妨下单体验一下，每单产品中都含有试用装，免费送给家人们体验。如果对试用装不满意，可以无理由退回我们的正装。"

05 回应弹幕的互动话术

从进入直播间开始,观众的行为可以划分为3个关键阶段:进入、停留、离开。作为主播,你的任务是在这场短暂的邂逅中,用最精准的话语,让营销信息直击客户的心坎,并牢牢抓住他们的注意力。

如果你不是魅力四射,也没有明星效应,那么及时互动回应,就是抓住观众注意力的最佳方法。

1. 提问式互动的话术

提问式互动,可以引发观众的思考,通过提出具体问题,引起观众的共鸣,鼓励他们积极参与讨论;同时,可以寻求建议,让观众感觉到自己的意见被重视,增加他们的参与感;还可以引导反馈,鼓励观众分享使用体验,增加互动的有效性。

> **销冠话术**
>
> "大家有没有遇到过这样的问题？早上起床，皮肤干燥得像沙漠一样，该如何解决呢？"
>
> "你们可以猜一猜这款面膜适合什么肤质，是油性皮肤还是干性皮肤？"
>
> "用过这款产品的朋友们，你们觉得效果怎么样？发弹幕告诉我！"
>
> "你们对这个产品有什么想了解的吗？主播今天知无不言，言无不尽！"
>
> "下次直播时，你们希望我多介绍哪些品牌的产品？"
>
> "你们对这次直播的时间安排满意吗？有任何建议可以发出来，主播都会看。"

2. 刷屏式互动的话术

刷屏式互动的重点是通过简单的指令，引导观众刷屏，以此增加观众的参与感，并提高直播的热度。

> **销冠话术**
>
> "觉得这款口红好看的朋友们，请扣'1'。"
>
> "如果大家希望主播上更多折扣，请帮我点赞，让我看到你们的热情！"
>
> "如果觉得咱们今天的直播不错，可以点击'关注'，更多好货，等你来看！"

"大家吃过咱们贵州的糟辣椒吗？没吃过的朋友们请在屏幕上打'1'。"

"如果你对这个产品感兴趣，就在屏幕上刷'1'，让我看到你们的热情！"

"对这款产品感兴趣的朋友们，别藏着掖着，屏幕上刷'1'，我们一起把它带回家！"

3. 选择式互动的话术

选择式互动是指主播在直播过程中给观众提供几个选项，让他们从中选择一个答案。这种方式可以让观众感受到自己拥有决策权，产生参与感，从而提高购买意愿。

销冠话术

"你们觉得这款香水更适合哪个场景？A.上班，B.约会，C.旅行。请在评论区告诉我你们的选择！"

"下次直播你们更想看到哪个品牌？A品牌还是B品牌？"

"想要A款的就打1，B款的就打2，别因为你的犹豫错过了心仪的好物，快在屏幕上做出你的选择！"

06 直播事故时的救场话术

在直播过程中出现了意外情况或失误，导致场面尴尬或者观众不满，救场就显得尤为重要了。救场，就是要迅速采取措施，化解尴尬局面，恢复直播秩序。试试用下面这些话术来巧妙救场：

1. 诚恳道歉的话术

一旦发现直播出现失误或不当行为，应该立即停止当前话题或活动，直接面对镜头，用简洁明了的语言说明发生了什么，避免遮遮掩掩。观众通常更能接受真诚的语言，承认失误时要表现出真诚的态度，正视镜头、语气恳切，让每个字都饱含歉意。

销冠话术

"亲爱的观众朋友们，刚才我在介绍产品时出现了口误，把价格说错了，实际上这款产品的价格是99元，这个价格是厂商给到全网的最低价格，非常值得入手。"

"我深知这个错误给大家带来了不便，我在此郑重地向大家道歉，对不起！"

"家人们，刚刚出现的这个情况，我绝不逃避。确实是我们的失误，我们没有把产品的库存数量把控好，我在此真诚地向大家道歉。"

"各位，咱不藏着掖着，刚刚这事儿确实是我们做得不到位。我向大家保证，我这就去申请优惠，一定会给大家一个满意的解决方案。"

2. 解释原因的话术

要解释，但一定要适度地解释，不然只会让观众觉得你在推卸责任。简要说明导致问题的原因，但要避免过多细节，以免听起来像是在找借口。注意表达出你已经认识到错误，并有明确的改进计划。

销冠话术

"最近开播时间太晚，晚上脑袋有点晕，不小心就把产品信息给弄错了。"

"我已经意识到这个问题，下次一定会提前准备好清单，观众朋友们放心。"

"今天上播太久了，眼睛有点儿花，家人们放心，一会儿我会和小助理一起再核对一下信息。"

3. 转移注意力的话术

观众的注意力都是跟着主播走的，不要在"翻车"的地方过多停留，直接提出新的话题，迅速引入一个观众感兴趣的产品，转移观众的注意力。可以向观众提问、发起投票，鼓励他们参与讨论。

> **销冠话术**
>
> "刚才只是个小插曲，来，我们接着介绍其他产品，今天的直播还有很多好东西等着大家呢，比如下面的……"
>
> "家人们，虽然刚刚出现了一点小插曲，但我们的产品整体质量还是非常可靠的。"
>
> "我们还有很多优质的产品等着大家呢。现在我就给大家介绍一款我们的爆款，它一定会让大家眼前一亮。"
>
> "大家觉得我们今天的新品怎么样？明天的直播有哪些想看到的产品？欢迎在评论区留言。"
>
> "来，家人们，把刚刚的小插曲忘掉，我们继续探索更多好货。"

4. 强化正面信息的话术

在接下来的直播中，要更加专注于展示你的专业知识和技能，用实力说话。多多分享之前的成功案例或好评反馈，增强观众对你的信任。

> 📍 **销冠话术**
>
> "接下来我会为大家详细讲解这款产品的使用方法、注意事项,希望能帮助到大家。"
>
> "之前有很多粉丝朋友告诉我,使用我们的产品后效果非常好,我也非常开心。"

5. 后续跟进的话术

对于因"翻车"事件而受到影响的观众,有两种处理方式:第一种,私下沟通,通过私信等方式进行一对一沟通,表达歉意并提出补偿方案;第二种,公开承诺,在后续的直播或社交媒体上承诺,将采取哪些措施来避免类似问题的再次发生。

> 📍 **销冠话术**
>
> "亲爱的用户,关于您在直播中遇到的问题,我深表歉意。为了表示诚意,我们愿意为您提供一次免费的售后服务。"
>
> "家人们,我们会马上对产品进行全面检查,确保类似问题不再出现。同时,对于已经购买的顾客,我们会提供补偿,绝对不让大家吃亏。"
>
> "对于受到影响的家人们,我们除了补发或退款,还会为您提供专属的优惠券,期待您的再次光临。"

第二章

直播间
促进成交的
销冠话术

01 打破隔阂的幽默话术

客户面对推销时，往往会带有一定的防备心理。这时，一个幽默的段子、一句调侃的话术，就如同春风拂面，能让客户放下防备，以更加轻松的心态来交流。

1. 开场白中的幽默话术

开场白是吸引听众注意力的关键。恰当的幽默可以迅速打破冷场，让听众放松心情，对后续内容产生兴趣，并营造轻松的氛围。

例如，可以讲述一个与主题相关但轻松有趣的小故事或笑话；可以利用自嘲或夸张的手法展现自己的亲和力；还可以引用流行文化元素或网络梗，让听众产生共鸣。

> **销冠话术**
>
> "大家好,欢迎来到直播间!今天的促销活动,不仅让你'买'到手软,还会让你'笑'掉大牙!"
>
> "欢迎来到直播间,我敢打赌,今天的好物会让你像中了彩票一样开心。"
>
> "嘿,各位宝宝,欢迎光临我的直播间!今天咱们不谈人生,不聊理想,只说实惠!我保证,今天的福利会让你觉得,自己仿佛是那个'锦鲤附身'的幸运儿,赶紧来围观吧!"

2. 产品介绍中的幽默话术

介绍产品时,幽默的话语可以帮助听众更好地记住产品的特点和优势。

例如,可以将产品特点与日常生活中的趣事相结合,形成有趣的比喻;可以用幽默的方式指出产品的"缺陷"(如"这款耳机太重了,戴上后你甚至可以做健身"),然后立即解释其正面意义(如音质超群);还可以模仿产品使用的场景,用夸张的表演增加趣味性。

> **销冠话术**
>
> "这款面膜的效果非常好,用了之后,你的面部会像婴儿皮肤一样光滑。不过,如果你已经是个婴儿了,那就不需要买了哦!"

"以前我总是买错护肤品，导致皮肤问题不断。直到用了这款产品，我的皮肤终于得到了救赎，现在连我妈都问我是不是去美容院了！"

"别担心，这款智能烤箱能自动调节温度，确保你的美食完美出炉，而不是变成黑暗料理！"

"这个保温杯保温效果超棒。早上装的热水，晚上它还烫嘴。小心别被它'烫伤'哦。"

3. 互动中的幽默话术

互动环节是拉近与观众距离的好机会，幽默回应观众的问题，增加互动的乐趣，可以激发观众的参与热情，让观众感到轻松愉快。

例如，可以邀请观众参与简单的幽默游戏或问答，如"谁能最快说出这款产品的三个特点"；可以对观众的回答给予幽默的反馈，即使回答不准确也给予鼓励性的笑话；可以使用幽默的提问引导观众思考，如"你们觉得这款产品最适合哪种类型的超级英雄使用"。

销冠话术

"看到有朋友问这款产品是不是真的有效，我告诉你，它比我的婚姻还可靠！"

"有人问这款产品适合什么肤质？适合所有肤质，除非你是外星人！"

"有人说这款产品适合送女朋友吗？那当然啦，送这个比送玫瑰花实用，毕竟爱情需要保鲜，皮肤更需要保鲜。"

"你们觉得这款产品最适合哪种动物使用呢？哈哈，开个小玩笑，不过想象一下还挺有趣的。"

4. 处理突发状况时的幽默话术

遇到技术故障、时间延误等突发状况时，幽默可以缓解尴尬和紧张。通过轻松幽默的方式化解突发状况，能够让观众感到主播的亲和力。

例如，可以自嘲地说："看来我们的技术团队也需要一点咖啡来提神"；可以将突发状况与幽默故事相结合，如"看来我们的产品太受欢迎了，连物业都想多听听它的介绍"。记住保持冷静，用幽默的方式引导观众等待或参与其他活动。

销冠话术

"哎呀，刚把价格说少了个零，说明潜意识想给大家省钱！但老板只允许按照屏幕价结算哦。"

"哎呀，刚刚网络卡了一下，看来服务器也被福利惊到了！卡顿期间下单的朋友，额外赠送神秘礼盒哦。"

"看来我们的直播间太火爆了，连网络都热得不行了。给大家放首歌，我们马上回来！"

5. 促销环节的幽默话术

促销环节需要激发听众的购买欲望，通过幽默的语言，增加紧迫感的同时也减少了压力感，让观众更愿意下单。

例如，可以用幽默的方式强调促销的限时性，如"错过了这次机会，你可能要等到下一个千年了"；可以将促销比作寻宝游戏，鼓励听众积极参与；还可以用幽默的语言描述促销带来的好处，如"现在购买，你将获得比你的邻居更多的幸福指数"。

销冠话术

"今天这款产品限时优惠，错过这个村就没这个店了！不过，如果你们错过了，我明天还会再来的，哈哈！"

"三二一，上链接！这个价格比我妈砍价还狠！但只有5分钟——5分钟后，你妈会问'为啥不买'，而你只能哭着说'手速比不过大学生啊'。"

"坦白说，这产品利润薄到老板想哭……但为了冲榜，今天豁出去了！您买到就是赚到，我卖完就是跪到！库存不多，建议闭眼入——毕竟下次涨价时，我可不背这锅！"

"现在购买，你会感觉自己像中了头彩，幸福来得太突然啦！"

6. 分享个人经历时的幽默话术

分享个人经历时，幽默可以让故事更加生动有趣，更容易引起共鸣，让观众感到真实可信，同时增加趣味性。

例如，可以讲述自己与产品相关的尴尬或有趣的经历，如"我第一次使用这款产品时，差点把它当成了早餐"。可以用幽默的方式描述自己的成长或转变过程，如"从菜鸟到专家，我只用了这款产品的一半寿命"。还可以引用他人的趣事来衬托自己的经历，增加故事的趣味性。

> **销冠话术**
>
> "我第一次用这款护肤品的时候，感觉自己年轻了十岁，结果照镜子一看，原来是我没戴眼镜！"
>
> "我第一次用这款面膜时，效果好到我差点忘了自己是谁，还以为自己回到了18岁。"
>
> "我试过用这款健身器材，结果第二天肌肉酸痛得像是参加了一场马拉松，但我保证，你不会后悔！"
>
> "有人问我，这款洗发水能不能让头发飞起来？当然可以，只要你不把它当成火箭燃料。"
>
> "有观众问，这款手机壳耐不耐摔？我只能说，它比我的前任还要坚强！"

7. 结束语中的幽默话术

结束语是直播活动的关键，幽默话术可以为整场直播画上圆满的句号。幽默的结束语，让观众对下一次直播充满期待，同时也给观众留下一个轻松愉快的印象。

例如，可以感谢观众的参与，并用幽默的方式表达期待再次见面的愿望，如"希望你们下次来时，能带走更多购物的快乐"。可以用一句幽默的结束语留下深刻印象，如"记住，生活就像这款产品，永远有惊喜等着你"。

> **销冠话术**
>
> "今天的直播就到这里啦，希望大家都能买到自己喜欢的东西。记得下次早点来占个前排，不然只能看我后脑勺了。"
>
> "今天的直播就到这里，感谢大家的陪伴。记得下次来，带上你的钱包，还有你的笑点！"

8. 产品演示中的幽默话术

产品演示时，通过幽默的描述，展示产品的多功能性，能够帮助观众更好地理解产品功能，同时还能极大地提高观众的兴趣。

可以用幽默的方式描述产品的使用方法或功能特点，如"这款产品就像你的私人助理，只不过它不会问你今天过得怎么样"。可以在演示过程中穿插幽默的评论或解释，如"看，它甚至比我还会记密码"。还可以用欢快的方式，模拟产品使用的场景或效果，增加演示的趣味性。

> **销冠话术**
>
> "现在我要给大家展示这款神奇的多功能锅，它可以煮饭、炖汤、烤肉……简直就是一个厨房神器！不过，如果你家

已经有10个这样的锅了,那就不用买了,哈哈!"

"这款吸尘器的吸力,就像我对工作的热爱一样,一旦开始,就停不下来!"

"这款榨汁机的力量,就像我早上的咖啡瘾一样强烈,一按下去,水果都怕了!"

9. 处理异议时的幽默

面对观众的异议或质疑时,幽默可以缓解紧张气氛,同时展现自己的专业素养,以及解决问题的能力。

当观众提出疑问或表示拒绝时,幽默的回应往往能化解尴尬,让对话继续下去。比如观众说:"这个价格有点贵啊。"主播可以回应:"亲,这价格就像这款产品的品质一样,高高在上,但绝对物超所值呀!而且你想想,它能给你带来的快乐和便利,那可远远超过这点小钱呢。"这样既没有直接反驳观众,又以幽默的方式强调了产品的价值。

可以用幽默的方式承认异议的合理性,如"你说得对,这个问题确实值得深入探讨"。可以幽默地解释异议的原因或解决方案,如"这个问题就像迷宫里的死胡同,但我们已经找到了出口"。还可以抖个机灵,鼓励观众提出更多问题或建议,如"你们的异议就是我们进步的动力,欢迎继续'砸砖'"。

> **销冠话术**
>
> "有朋友说这款产品太贵了,确实,它不是最便宜的,但它绝对是性价比最高的!就像找对象一样,我们不仅要考虑价格,还要看质量,对吧?"
>
> "有人说这款产品有点小贵?我告诉你,好东西从来不便宜,便宜没好货,这是永恒的真理!"
>
> "有观众说这款产品颜色不够多?我只能说,我们追求的是质量,不是彩虹般的色彩。"

10. 万能幽默段子的运用

适时地插入一些万能幽默段子,可以拉近与观众的距离。这些段子通常与当前场景或主题无直接关联,但因其幽默性、普遍性或意外性,能够迅速引起观众的共鸣和笑声。

例如,当现场气氛变得沉闷或观众表现出疲惫时,幽默段子可以让现场重新活跃起来;如果观众参与度不高,可以用段子来引导他们积极参与互动;在某些情况下,幽默的段子就是一个很好的过渡工具,能够自然地引导话题的转变。

注意,主播一定要确保段子的内容积极、健康,避免引起争议或冒犯观众。

销冠话术

"有钱的捧个钱场,没钱的捧个人场,空闲的捧个留场,喜欢的捧个情场,最重要的,给你们一个笑场!"

"刚进来的家人们注意!本直播间三大禁忌:一别问体重,二别让我关美颜,三别提醒我右下角福袋忘了发!"

"听说关注我的都发财了,男生越来越帅,女生越来越漂亮了。"

"我没有什么优势,就是身高和价格成正比。"

"你们知道吗?我最近学会了一项新技能——'隐身术'!不过,我只有在付账时才使用这个技能。"

"送大家一句哲理:人生就像直播间福袋——你永远不知道下一个惊喜有多离谱,但抢就对了!"

"我的优势主要是靠脸,这样一张童叟无欺的标准好人脸,推销的产品能不好吗?"

"激动的心,颤抖的手,推荐什么都买走。"

02 挖掘痛点的精准话术

为什么有的销冠会自信满满地说"没有人能从我的直播间空着手出去"？这是因为他懂抓住客户内心的话术。

1. 唤醒客户情绪的话术

在销售中，唤醒客户的情绪，能够极大地促进交易的达成。当客户进入销售场景，无论是线上直播间还是线下店铺，通过各种方式激发他们的积极情绪，都能促使他们做出购买决策。

销冠话术

"想象一下，当你拥有这款产品，每天早上醒来，都能感受到前所未有的舒适和愉悦，开启美好的一天，难道你不想立刻拥有吗？"

"这款护肤品能让你的肌肤焕发出迷人的光彩，就像明星一样闪耀。当你走在人群中，自信满满，那种感觉简直太棒了！"

"用了这个厨房神器，烹饪不再是烦琐的任务，而是一种享受。为家人做出美味佳肴，看着他们幸福的笑容，你是不是也心动了呢？"

2. 激发客户从众心理的话术

从众心理在销售活动中是一股强大的推动力。人们往往倾向于跟随大多数人的选择，认为大家都选择的产品一定是好的。我们可以巧妙地利用这一点来引导客户。

销冠话术

"家人们，这款产品已经卖出了几万件，好评如潮！大家都在买，你还在等什么呢？"

"看看这些用户反馈、专家测评，保证真实。"

"限时抢购，已经有很多人下单了，库存不多了哦！大家都在抢，你也别错过这个好机会。"

"这么多人都对我们的产品赞不绝口，我们的产品真的被大家看到了！"

3. 充分利用品牌效应的话术

一个拥有良好品牌背书的产品，往往更容易获得客户的信任和青睐。当客户看到一个产品有强大的品牌背书时，他们会觉得这个产品是可靠的、有品质保证的。

> **销冠话术**
>
> "我们的品牌有着多年的历史，一直以来都以高品质著称。"
>
> "很多明星和达人都在推荐、选择我们，就是选择放心。"
>
> "这款产品经过了专业机构的严格检测和认证，质量有保障。大品牌，值得信赖！"
>
> "我们是行业内的知名品牌，一直致力于为客户提供最优质的产品和服务。"
>
> "有我们的品牌背书，你完全不用担心质量问题。"

4. 以低价促进成交的话术

消费者往往对价格非常敏感，尤其是在购买一些日常用品或非必需的商品时，低价，会成为吸引他们购买的重要因素。消费者看到一个商品的价格低于他们的心理预期，就会产生强烈的购买欲望。

> **销冠话术**
>
> "家人们，今天这款商品简直是白菜价！我们直接把价格打到了谷底，只为让大家都能轻松拥有。"
>
> "别再犹豫了，这个价格真的是史无前例的低。错过这

次，可能要等很久才能再遇到这么划算的价格。"

"看看这个价格，低到你不敢相信！只要一杯奶茶的钱，就能把它带回家。"

"现在购买，我们还会额外赠送超值大礼包！"

"满减活动火热进行中！多买多省，让你越买越划算。"

03 点燃热情的氛围话术

直播的本质是与观众的互动，它是连接主播与观众的桥梁，而不是主播的个人秀场。如果把直播当成"自嗨"，那就很可能会变成主播的独角戏，导致观众逐渐流失。直播是"群嗨"。来看看下面这些有效调动直播间气氛的话术：

1. 打破沉默的话术

打破观众的沉默状态，激发他们参与互动的积极性。让观众从单纯的观看者转变为参与者，活跃直播间氛围。

> **销冠话术**
>
> "别只顾着点赞，也来点一点关注，让我感受你们的存在！"
>
> "大拇指很赞，但我更想听到你们的声音，别害羞，有什么想要的产品，大胆说出来吧。"
>
> "点赞不要停，评论也不能少哦！快说说你们此刻的想法吧！"

2. 提问互动的话术

引导观众思考并表达自己的观点，增强他们的参与感。通过问题的交流，主播可以更好地了解观众的需求和兴趣点。

销冠话术

"大家觉得今天的直播主题怎么样？有什么想法都可以说一说哦。"

"我想知道，你们在生活中遇到过类似的情况吗？快来和我分享吧。"

"对于这个问题，你们会怎么选择呢？评论区等你们。"

3. 游戏化互动的话术

以游戏的形式吸引观众，增加直播的趣味性和娱乐性。同时激发观众的竞争心理，提高他们的参与度。

销冠话术

"游戏时间到！谁能最快说出这个品牌三个产品的名字，就有机会获得小礼物哦。赶快来试试吧！"

"现在我们来玩个轮盘抽奖游戏，朋友们快点击关注，抽中的朋友可以获得超值奖品哦。"

"接下来是个抢答游戏，我说出一个词语，你们需要迅速说出它的反义词。准备好了吗？第一个回答正确的朋友有惊喜等着你！"

4. 激发观众挑战欲望的话术

激发观众的挑战欲望，让他们更积极地参与到直播中来。同时，观众分享的有趣经历也能丰富直播内容，增加吸引力，进一步促进直播间的互动。

> 销冠话术

"我敢打赌，你们没有过比这更疯狂的旅行经历，快说说你们的经历吧。"

"挑战一下，谁能说出自己做过的最勇敢的事情？让我们一起为你的勇气点赞。"

"有没有人敢分享自己最尴尬的瞬间？别怕，大家一起乐一乐，调节一下直播间的气氛。"

5. 制造紧迫感的话术

通过制造紧迫感，促使观众尽快行动起来，积极参与评论和提问，让他们感受到直播的时效性和互动性，从而提高直播的吸引力。

> 销冠话术

"还有3分钟，大家抓紧时间提问哦，不然机会就要错过了。"

"时间紧迫，你们的评论将决定直播的走向和精彩程度，赶紧行动起来！"

"还有最后两分钟，抢购时间就要结束了，心动的朋友们千万不要错过这个机会，赶紧动起来吧！"

6. 制造惊喜的话术

通过制造惊喜，保持观众的好奇心和期待感，让他们持续关注直播。惊喜的出现可以瞬间提升直播吸引力，营造氛围。

销冠话术

"以为直播就这样了？错！还有更大的惊喜等着你们，拭目以待吧。"

"别眨眼哦，接下来的惊喜会让你们尖叫连连。"

"直播不只眼前的精彩，还有即将到来的惊喜，持续关注我们哦。"

04 掌控节奏的控场话术

直播难免会冷场。这就要求主播懂得巧妙地转换话题，学会控场，同时关注观众的利益，重新点燃观众的热情。

掌握下面的话术，让直播间气氛火热，观众跟着你的脚步走：

1. 让气氛助力商品成交的话术

群体效应是直播带货的"大杀器"。当直播间里的人群开始疯狂抢购，新来的观众很难不被这种狂热氛围所感染。这种现象背后的心理机制是，人们天生就有模仿他人行为的倾向，尤其是在面对不确定性时。如果看到别人都在买，新来的人就会想："这东西肯定不错，我也得赶紧下手。"火热的成交氛围能够迅速点燃观众的购买欲望，让直播间的销售额直线上升。

> 销冠话术

> "刚刚有位宝宝说，这是她回购的第三瓶了，效果真的棒！如果你还在犹豫，看看这些真实反馈，赶紧加入我们的抢购大军！"
>
> "这款产品是我们直播间的爆款，每次上架都被秒空，今天也不例外，大家抓紧时间，手慢无！"
>
> "哇哦，刚刚上架这一会儿，已经有多位宝宝成功抢到了这款产品，库存可不多啦！"
>
> "这款产品我们一介绍，好多老顾客二话不说就下单了，这就是信任呀！"

2. 让"真爱粉"为产品买单的话术

粉丝不仅仅是观众，更是主播的忠实拥趸。要让这些粉丝死心塌地，就得给他们一种家的感觉。通过建立粉丝团，给予他们专属的称号，让他们感受到自己是这个群体的一部分，这种归属感是维系粉丝忠诚度的关键。主播们会通过各种方式来强化这种联系，比如在直播中特别提及粉丝团的名字，给予他们提问的优先权，或者提供一些专属的优惠。这些举措让粉丝感到自己被重视，从而成为主播的铁杆支持者。

> 销冠话术

> "来，'温暖港湾'的成员提问时间到！你们的问题总是最有价值的，来，让我们看看今天有什么精彩问题。"

"作为'同心圆'的一员,你们享受到的不仅仅是优惠,更是一份专属的福利。今天的产品,只有你们能以这个价格拿到,外面可是买不到的!"

"欢迎我们的老朋友,'星辰护卫队'的成员们,感谢你们一直以来的支持,今天有特别的福利等着你们哦!"

"每次我准备新的直播内容或者挑选产品的时候,心里第一个想到的就是你们呀。今天这款产品就是专门为满足大家的需求选的呢,而且还为咱们粉丝团设置了专属的折扣码,输入就能立享优惠。"

"今天给大家带来一款超赞的产品,作为对咱们粉丝团的回馈,价格那是相当美丽,只有咱们自己人能享受到这么好的优惠哦!"

3. 营造独特直播氛围的话术

直播间不仅仅是卖货的地方,它还是一个社交平台,一个有着自己独特文化和仪式感的空间。主播通过特定的口号或者动作,比如"走一波666",来创造一种集体的认同感。这种仪式感让直播间的互动变得更加有趣,也让粉丝感到自己是这个独特文化的一部分。当这种"风俗"形成,它就成为直播间的一种无形资产,增强了粉丝的黏性,也让直播间的气氛更加热烈。这种独特的直播"风俗"是留住观众的秘密武器。

销冠话术

"宝宝们,每当我说'666',你们就给我刷起来,刷得越多,优惠力度越大!"

"15个朋友扣'1'我就上链接,限时优惠价格,喜欢的朋友们一定不要错过。"

"好啦,宝宝们,接下来是咱们直播间的传统节目——'幸运大抽奖'环节啦!每次抽奖前呢,咱们都要一起喊三遍'好运来',把好运都召唤到咱们直播间来哦。准备好跟我一起喊了吗?'好运来,好运来,好运来',然后我就开始抽取今天的幸运儿啦,看看会是谁?"

"宝宝们,记得我们的口号吗?大声告诉我:'买它!买它!'这样我们今天的直播才能圆满结束哦!"

"今晚我们有个特别的仪式,那就是'感恩回馈时间',我会随机挑选几位幸运观众送出我们的心意礼物,准备好了吗?"

"每当我说'888',就是给你们的特别信号,大优惠即将揭晓,大家准备好了吗?"

05 引导客户的提问话术

直播不能演独角戏，主播不是主角，产品和观众才是主角。主播必须抛弃单向的宣讲，应采用提问的艺术，让观众感到自己是直播的一部分，而不仅仅是被动的观看者。

接下来，让我们看看一些具体问题的提问话术：

1. 产品选择类提问话术

"宝宝们，我们今天有两款颜色的口红，你们喜欢经典的红色还是时尚的橘色？"

"今天直播有两款香水，一款是清新花果香，另一款是浓郁木质香，你们更喜欢哪一种？"

2. 使用体验类提问话术

"已经使用过我们产品的小伙伴们,你们觉得这款面膜的保湿效果如何?"

"你们有没有过手机电量不够用的烦恼?如果有,你们更倾向于选择快充技术还是大容量电池?"

3. 购买决策类提问话术

"大家的预算大概是多少?优先考虑性能还是品牌?"

"小哥哥,你可以告诉主播你在购买家电时,是看重节能效果还是智能化功能?我根据你的喜好来给你推荐产品。"

"姐妹,你只要告诉主播你的皮肤是油性、中性还是干性,主播就知道你应该买哪个产品了。"

4. 互动游戏类提问话术

"接下来我要做一个秒杀小游戏,你们准备好了吗?如果准备好了,就扣'1',如果还没准备好,就扣'2',我看看谁最积极!"

"现在我要出一个关于我们产品的谜语,猜对的前三位观众将获得小礼品一份。准备好了吗?那么,问题来了……"

5. 反馈收集类提问话术

"你们对我们今天的直播有什么建议吗？是希望我们增加更多互动环节，还是希望我们提供更多的产品细节？快在评论区告诉我！"

"大家对于我们今天的促销活动满意吗？如果满意，就扣'666'，如果不满意，就扣'555'，让我们看看大家的反馈！"

6. 引导购买类提问话术

"我看到有些小伙伴已经在犹豫了，你们是不是想知道更多关于我们产品的优惠信息？比如限时折扣或者赠品？"

"正在考虑中的朋友们，是什么让你犹豫呢？我们可以现场解答你的疑问！"

"看到很多宝宝都对我们的这款产品感兴趣，还有什么想了解的问题呢？"

主播通过这些问题，不仅了解了观众的需求和偏好，还巧妙地引导他们参与直播的互动。这种提问与引导的策略，使得直播间的氛围更加活跃，观众的参与感也大大增强。同时，主播还能根据观众的反馈，及时调整直播内容和节奏，确保直播效果最大化。记住，提问是策略，引导才是真正目的，只有让观众真正参与其中，才能实现直播的价值。

06 解决问题的答疑话术

直播时，隔着屏幕，该怎么和观众聊得好？上一节里，我们已经说到如何用提问来引导观众，现在我们来说说该怎么回答观众提出的问题。观众的问题是直播互动的金钥匙，它们不仅值得被回答，而且必须被重视。

观众之所以会做出评论，正是因为他对产品开始感兴趣。在策划直播脚本时，主播就应该尽可能地选择能够引起观众讨论的内容。积极回应观众的每一个问题，能够让他们感受到自己的价值和被重视，这是直接促成产品成交的关键。

以下是一些直播间观众常问的问题，以及巧妙回答的技巧，可以帮助主播更有效地与观众互动，在直播里"聊得来、聊得好"。

问题一："12号能不能试穿一下？"

分析：对于这类试穿要求，千万不能忽视。观众提出这类要求，是一个非常积极的信号，表明他们对产品产生了浓厚的兴趣，这正是转化潜在客户为实际购买者的关键时刻。主播需要抓住这个机会，耐心讲解，进行实际试穿展示，让观众进一步了解心仪产品。

销冠话术

"没问题，小姐姐，您眼光真的很不错哈！您可以先点击正上方那个红色按钮关注一下主播哦，这样主播就能马上给您试穿。"

问题二："主播的身高多高，体重多重？"

分析：直播间里通常会用公告牌、文字、小黑板或悬浮图片等展示主播的身高与体重信息，但观众可能没有注意到这些细节。

销冠话术

"主播的身高是173厘米，体重是60公斤哦，平时穿L码的衣服呢。您也可以顺便看一下我身后的信息牌呀，上面还有很多关于主播的信息。"

问题三："我体形偏胖，能穿这类的衣服吗？"

分析：这类关于身高、体重是否合适的问题，经常会出现。说明观众需要更具体的指导，要求主播提供个性化的建议，才能心里有底，决定是否购买这件衣服。

> 📌 **销冠话术**
>
> "亲爱的,您得给主播报一下具体的体重和身高哦,这样主播才能给您提供准确的建议呢。"

问题四:"主播怎么不理人,不回答我的问题?"

> 分析:这种情况需要迅速而温和地处理,以免伤害观众的感情,导致他们离开直播间。这时,主播首先要安抚粉丝的情绪,让他们知道并不是被故意忽视,只是可能没看到评论,或是其他一些小状况。

> 📌 **销冠话术**
>
> "宝贝别误会,刚才直播间信息太多啦,一下子没看到您的问题呢。主播这就来给您解答哈!"

问题五:"这个宝贝有什么优惠?"

> 分析:这类问题表明观众对产品感兴趣,但可能错过了之前的介绍,需要主播耐心提醒,把获取优惠的方式、最终的价格等信息都清楚地告诉观众,同时可以引导观众去关注屏幕上的优惠专区。

> 🎯 **销冠话术**
>
> "是这样的哦，您可以去找客服报主播名字，就能领取50元优惠券啦，优惠下来一共是99元。您可以点开下面的'惊喜盒子'，就能看到各个宝贝的优惠信息。"

问题六："这两个产品相比，哪个更好啊？"

> 分析：面对这个问题，主播不能简单地说哪个好、哪个不好，避免损害品牌方的口碑。主播需要清楚地分析每个宝贝的特点、适合的人群，通过一步步的引导，让观众根据自身情况做出选择。

> 🎯 **销冠话术**
>
> "小姐姐呀，是这样的哦，1号宝贝呢，它的款式更偏向简约时尚，材质也比较轻薄透气，适合那些喜欢简约风格、在日常活动中追求轻便舒适的朋友哦。2号宝贝在设计上更华丽一些，适合喜欢在特定场合展现个性的朋友。"

问题七："有秒杀吗？有抽奖吗？"

> 分析：这类观众一般喜欢购买优惠产品，热衷于获取各种优惠信息，很可能是直播间的常客，经常会关注直播间的福利活动。主播对于这类问题要特别热情地回应，及时告知粉丝相关活动的具体时间、优惠力度。

> 📌 **销冠话术**
>
> "今天在12点是有秒杀活动的,能优惠200元,优惠力度超级大,您一定要记得过来秒杀呀!记得先关注主播哦,我们经常都会掉落福利活动。"

问题八:"怎么购买商品?怎么领优惠券?"

> 分析:观众问到购买方式,说明观众已经准备购买,需要主播提供清晰的操作指导,以促进交易的完成。

> 📌 **销冠话术**
>
> "亲爱的,跟我一起操作吧。首先……然后……这样就可以了。如果还有不清楚的地方,随时问我,我在这里随时解答。"

07 促成下单的催单话术

1. 用发货来催单的话术

利用发货时间作为营造紧迫感的手段，告诉观众早付款就能早发货，从而促使他们尽快下单。这种方法尤其适用于对产品有迫切需求或担心错过发货时间的客户。

销冠话术

"各位宝宝，我们的这款产品非常热销，现在下单的话，我们会在24小时内为您安排发货，让您尽快收到心仪的商品。"

"亲们注意啦！今天直播间内的订单我们承诺24小时内发出，如果您想早点拿到宝贝，请尽快拍下哦！"

"前50名下单的朋友，我们将优先处理您的订单，确保您能比别人更快一步享受到我们的新品。"

2. 用库存来催单的话术

通过强调产品的库存有限，制造稀缺感，促使观众产生"再不买就没了"的心理。这种方法适用于限量版商品或促销活动。

> **销冠话术**
>
> "这款商品的数量非常有限，我们今天只准备了200份给大家，现在已经卖出去一大半了，喜欢的朋友们要抓紧时间抢购！"
>
> "亲们，这款全网都在疯抢的商品只在我直播间有售，而且库存仅剩最后几十件了，手慢无啊！"
>
> "大家看这里，还剩下最后10件现货，想要的朋友赶紧下单吧！"

3. 用服务来催单的话术

强调自家产品的售后服务优势，如支持7天无理由退换货、不满意全额退款等，以此来打消观众对于产品质量和售后问题的顾虑，让他们更放心地下单。

销冠话术

"朋友们，我们店铺所有商品都支持7天无理由退换货服务，如果您收到货后有任何不满意的地方都可以联系我们进行退换。"

"为了让大家购物更加安心，我们特别提供了30天内质量问题免费退换的服务，无论何时何地，只要您觉得不合适都可以联系我们处理。"

"在这里购买任何一款产品都能享受到我们提供的一年质保服务，其间出现任何非人为损坏的情况，都可以免费维修或更换新机。"

第三章

线下六大
行业销冠
话术速查

01 服装行业的销冠话术

在竞争激烈的服装行业，销冠们凭借的可不仅仅是运气，更多的是那一套套炉火纯青的话术。这些话术能够精准地击中顾客的内心，让他们心甘情愿地打开钱包。

以下8类销冠成交话术，助你快速抓住客户痛点，提升签单率。

1. 强调产品价值的话术

> **销冠话术**
>
> "您眼光真好！这款衬衫用的是新疆长绒棉，比普通棉料透气性高30%，夏天穿完全不闷汗。您摸摸这个，是不是像丝绸一样顺滑？这种面料洗过之后反而更柔软，越穿越舒服。"
>
> "这款外套看起来价格不低，但您仔细算算：一件好衣服能穿三五年，平均每天不到一块钱。而且我们的剪裁是立体收腰设计，显瘦又提气质，穿出去回头率绝对高，这才是真正的性价比高！"

2. 引导试穿的黄金话术

销冠话术

"美女,这件连衣裙是我们本季爆款,您身材这么苗条,穿上它绝对惊艳!试衣间就在旁边,我帮您拿合适的尺码,您先感受一下上身效果,不买也没关系的。"

"您看这腰线设计多贴合!这颜色把您肤色衬得特别亮,整个人都精神了。说实话,这件衣服就像为您量身定制的,现在活动价还能打9折,错过今天就要等下一季了。"

3. 化解顾虑的攻心话术

销冠话术

"您放心,我们的裤子用的是高弹力记忆面料,腰围有3厘米的调节空间。而且只要保留吊牌,7天内可以免费换码,您回家搭配不同鞋子试试,不满意随时回来调换。"

"这款毛衣经过3次预缩水处理,用的是抗起球工艺的澳大利亚美利奴羊毛,您看这是质检报告。我们老客户回购率特别高,很多人穿两年还和新的一样。"

4. 制造稀缺感的话术

> **销冠话术**
>
> "您手上这件是最后一件S码了,早上刚有位顾客试过,说下午可能来买。如果您现在拿不定主意,我帮您预留2小时,您可以去逛逛其他店再决定?"
>
> "今天满1000减200的活动是店庆专属,明天就恢复原价了。您选的这3件刚好凑单,相当于白赚一条腰带,我帮您把赠品一起打包吧?"

5. 精准推荐的话术

> **销冠话术**
>
> "看您平时穿休闲装比较多,可以试试这套'懒人套装'——上衣是免熨烫的冰丝polo衫,裤子是松紧腰直筒裤,一套穿上既有档次又舒服,周末带娃、逛街都能穿。"
>
> "这件西装单穿正式,但我建议您试试内搭这件V领针织衫,再配上我们的金属胸针,马上就从职场风变成约会装了。很多客户都说这样穿利用率特别高。"

6. 处理价格异议的话术

> 🎯 **销冠话术**
>
> "您选的这件风衣是经典款，10年都不会过时。其实很多客户和您一样觉得价格高，但穿过之后都说'早知道早点买了'。上周还有个老顾客专门来给她先生买同款呢！"
>
> "网上同款确实便宜，但您摸过实物就知道差别了——我们的里衬是全棉的，扣子是天然贝壳材质，细节做工经得起细看。您穿出去要是被人问链接，直接亮出牌子就行，保证有面子！"

7. 临门一脚的成交话术

> 🎯 **销冠话术**
>
> "您今天穿这双鞋和这件外套特别配，我帮您拍张照看看效果？您看这比例多好！其实衣服和香水一样，要试到最适合自己的才能心动。我帮您开单吧，您穿着直接走，旧衣服我帮您装好。"
>
> "您朋友眼光真专业！她说显瘦是因为我们用了'视觉减法'设计——袖口的微喇剪裁平衡肩宽，裙摆前短后长拉长腿型。您二位要不要一起试穿闺蜜装？第二套可以打8折哦！"

02 快消品行业的销冠话术

在快消品领域，无论是在超市货架前，还是在街头巷尾，优秀的营销话术都能够帮助销售人员在短时间内打动客户，实现高效转化。

以下是几种针对线下场景设计的实用营销话术，助你在激烈的市场竞争中脱颖而出。

1. 与客户建立信任关系的话术

销冠话术

"您好！我是今天的导购员小张，很高兴为您服务。您是第一次来我们店吗？我们这里的水果都是当天进货，保证新鲜。"

"您好！最近有没有发现我们店的新款卫生用品？很多老客户都在夸呢！"

"这款护肤品我一直在用,真的非常好!比如它的保湿效果,特别适合像我这种干性皮肤。"

"我自己也吃过这种食品,味道真的很不错,您要不要也试试?"

"这是我们店里卖得最好的一款洗发水,很多回头客都在推荐。"

"昨天一位老客户买了这个牌子的面包,又来回购,说她的孩子很喜欢吃。"

2. 突出产品核心价值的话术

销冠话术

"您看这里,这款烘焙食品的原料非常新鲜,都是当天采购的,口感特别好,吃起来特别松软。"

"这款护肤品的设计更加人性化,比如这个泵头设计,可以方便地控制用量,特别实用。"

"这盒月饼的包装也很精美,特别适合送礼,拿得出手。"

3. 激发客户购买欲望的话术

销冠话术

"今天是我们店周年庆活动的最后一天,现在购买这套化妆品还能享受额外赠品哦!"

"您可以先试用一下这款护肤品，感受一下它的质地和效果。"

"这款眼霜有试用装，您可以带回家体验一下。"

"库存不多了，只剩下最后一两件了，这种蛋糕特别受欢迎，很多人都在抢！"

4. 化解客户疑虑的话术

销冠话术

"我们这款牛奶的奶源都是经过精心挑选的优质牧场，每一滴牛奶都蕴含着丰富的营养，质量绝对有保障。"

"为了让您购物更加安心，我们提供7天无理由退换货服务。如果您在购买后发现洗发水不适合您的发质或者对效果不满意，都可以无条件退换，让您购物无忧。"

"虽然这款洗衣液的价格稍高，但它的去污能力强，比较温和，长期使用对衣物和皮肤都有好处，性价比极高。"

"我们现在有限时优惠活动，购买酸奶即可享受折扣，价格比平时便宜不少呢！"

5. 促成最终成交的话术

> 🎯 **销冠话术**
>
> "既然您觉得这款唇膏的滋润度和颜色都很满意，不如我现在就帮您包起来吧！"
>
> "如果您现在购买这款酸奶和冷藏杯的组合装，还能额外赠送您一小盒试吃装的酸奶哦！这样您就能尝试更多口味了，是不是很划算？"
>
> "这是我们店的会员卡，下次您来买咖啡时，不仅能享受会员专属折扣，还能累积积分兑换精美礼品呢！现在办理，还能享受首次购物立减的优惠哦。"
>
> "您放心使用这款香水，相信它的味道和持久度会让您满意的。用完记得找我们回购哦！我们还有很多其他款式的香水等您来挑选呢！"

03 保险行业的销冠话术

在保险行业，快速成交是每个从业者追求的目标。客户可能会因为各种原因对保险产品产生兴趣，但要让他们最终下定决心购买，需要用专业的话术和真诚的服务来引导。

线下展业时，经常会遇到客户对保险产品有兴趣却迟迟不下单的情况，这时候，我们需要反思一下，是不是我们的介绍不够清晰，或者客户对保险产品的一些细节还有疑问。如果能运用合适的话术来解答客户的疑问，就能有效地推动成交进程。

1. 强调产品可靠的话术

销冠话术

"大哥你看，咱们这款保险产品就像是给您的生活穿上了一层坚固的防护服。从承保范围来看，它涵盖了生活中最常见的风险，无论是意外事故，还是突发疾病，都能提供实实在在的保障。就说这理赔吧,我们公司有着完善的理赔流程,只要符合理赔条件,资料齐全,赔款就会及时到账,绝不会让您在急需用钱的时候干着急。我自己给家人也配置了这款保险,睡得特别踏实,您放心选择,绝对没错。"

"女士您好,今天给您介绍的这款保险,它的保障条款都是白纸黑字写得清清楚楚的。每一项责任都经过了严格审核,不是那种含糊不清、随时可能扯皮的产品。而且我们公司成立这么多年,一直稳健经营,有着强大的资金实力和良好的信誉,为无数客户提供了可靠的保障。您想想,买保险不就是图个安心嘛,这款产品绝对能让您安心。"

2. 展示产品实际理赔案例的话术

销冠话术

"先生,我给您讲个真实案例吧。去年我们有个客户,跟您年龄差不多,也是买了我们这款保险。他不幸出了意外,需要一大笔治疗费用。我们公司知道后,第一时间启动理赔程序,没过多久就把赔款送到了客户手里。客户后来还专门给我们送了锦旗,说这保险关键时刻就是救命稻草。您看,这就是我们产品实实在在的保障。"

3. 互动式了解客户需求的话术

> 销冠话术

"大哥,我知道您对保险肯定有自己的想法,您说说看,是关注健康保障,还是养老规划,或者是给孩子存点教育金呢?您别不好意思说,我在这行业干了这么多年,对各种保险产品都很熟悉,就是来帮您解决问题的。您把需求告诉我,咱们一起看看哪款产品最适合您。"

4. 展示客户信任评价的话术

> 销冠话术

"您看这些感谢信,都是我们的客户写来的。他们一开始也跟您一样,对保险半信半疑,但买了我们的产品之后,都特别满意。有的客户说,我们的保险让他们在遭遇困难时有了依靠;有的客户说,我们的服务贴心又专业。这么多客户的好评,就是对我们最大的肯定,您选择我们的保险,肯定不会后悔。"

"大哥,您瞅瞅这些客户反馈的照片,大家都对我们竖大拇指。我们公司一直把客户的满意度放在第一位,努力为大家提供优质的保险产品和服务。这些客户的信任评价,就是我们最好的招牌。您放心,选择我们的保险,您也会成为对我们满意的客户之一。"

5. 和客户建立情感联系的话术

> 🎯 **销冠话术**
>
> "大哥,我在这行干了这么久,接触了各种各样的客户,我觉得每一个客户都像我的亲人一样。我真心希望能帮到您,让您和您的家人生活得更安心。您信任我,我一定不会让您失望,就像对待自己的家人一样,给您最合适的保险规划。"

6. 跟客户互动答疑的话术

> 🎯 **销冠话术**
>
> "哎呀,这位大哥问的问题太关键了,您这一问,就问到点子上了。我跟您详细说说,这保险条款里关于免责范围的规定是这样的……我知道这些条款看着有点复杂,但您放心,我会一点点给您讲清楚。要是我讲得还有不明白的地方,您随时打断我,我再给您解释,直到您完全搞懂为止。"
>
> "姐,您刚才问的理赔时效问题,我得好好跟您唠唠。我们公司对于理赔时效是有严格要求的,只要您按照规定提交了完整的理赔资料,我们会在最短的时间内完成审核和赔付。我理解您对理赔时效的关心,毕竟谁都不想在急需用钱的时候还为理赔发愁。您还有什么疑问,尽管问我,我一定给您一个满意的答复。"

7. 强调售后服务的话术

销冠话术

"姐,您不用担心买了保险之后就没人管了。我们公司有专业的售后服务团队,从您购买保险的那一刻起,就全程为您服务。不管是保险合同的解读,还是理赔协助,或者是保单变更,只要您一个电话,我们的客服人员就会马上响应。而且,我们还会定期回访客户,了解您的需求和意见,确保您对我们的服务满意。您就放心买,我们一定会让您感受到贴心的售后保障。"

"大哥,我跟您保证,我们的售后服务绝对让您省心。您想想,买保险不是一锤子买卖,后续的服务才更重要。我们公司在这方面下了大力气,建立了完善的售后服务体系。您要是对保险产品有任何疑问,或者在生活中遇到跟保险相关的问题,随时联系我们,我们都会帮您解决。购买保险只是开始,我们会一直陪伴在您身边,为您提供优质的服务。"

04 汽车行业的销冠话术

汽车作为大宗消费品，客户不仅关注性能参数，更在意长期使用的安全感和服务保障。销售人员需要通过专业的产品知识和细致的服务，帮助客户了解车辆的优势，解答他们的疑问，从而促成交易。

1. 强调车辆品质与安全的话术

销冠话术

"朋友，这台车的安全配置绝对是行业标杆。从高强度车身结构到智能主动刹车系统，每一个细节都经过严苛测试。我自己试驾时特意模拟了紧急情况，响应速度超乎想象，买它就能为自己和家人增添一份保障。"

"这台车的发动机获得过国际大奖，10万公里耐久测试零故障。咱们不玩虚的，所有检测报告都摆在展厅，随时欢迎对比。"

"您看的这款车是我们品牌的最新款,搭载了最新的涡轮增压发动机,动力强劲,油耗却非常低。我们进行了多次测试,百公里加速仅需6.5秒,而且油耗控制在7升左右,既满足了您对速度的追求,又兼顾了经济性。"

2. 引导客户沉浸式体验的话术

销冠话术

"今天咱们不做'云卖车',直接带您到试驾场地。方向盘握感、过弯稳定性、静音效果,您亲自感受才能知道什么叫'人车合一'。"

"我刚从川藏线自驾回来,这台车全程无压力。高原缺氧?陡坡打滑?不存在的。连后备箱都能装下3个帐篷加烧烤架,实用性拉满了。"

"您想看看发动机舱的内部结构吗?没问题,我这就打开。您看,这款发动机的布局非常紧凑,维修保养也非常方便。我们的技师都是经过专业培训的,您可以放心使用。"

3. 和客户建立联系的话术

销冠话术

"您对这款车还有什么疑问吗？我可以为您详细解答。我知道买车是一个重要的决定，您有任何问题都可以随时问我，我会尽力帮助您找到最适合您的车型。"

"您刚才提到对油耗有些担心，其实这款车的油耗表现非常出色，尤其是在城市道路行驶时，油耗可以控制在7升左右。如果您经常跑高速，油耗还会更低。"

4. 展示客户口碑实证的话术

销冠话术

"看看这位宝妈的真实反馈：'接送孩子3年，风雨无阻，连雨刮器都没换过！'再看这位越野爱好者：'穿越沙漠全程无故障，比骆驼还可靠！'这么多车主的选择，就是品质最好的背书。"

"这台车连续5年蝉联'消费者最满意车型'，投诉率行业最低。数据不会说谎，您闭眼选都不会踩坑。"

"这是我们客户的真实反馈，您看这位李先生，他上个月刚提了这款车，开了1000公里后给我们发来了好评，说这款车的驾驶体验非常好，油耗也低，完全超出了他的预期。"

5. 凸显个性化服务的话术

> **销冠话术**
>
> "选车纠结症?我来当您的专属顾问。您是想追求操控感还是家用舒适度?预算范围内,我给您量身推荐3款,优缺点全摆明,咱们一起挑最适合的!"
>
> "贷款方案、置换补贴、保养套餐,您只管提需求,剩下的复杂流程我来跑腿。今天订车,额外送您3次免费镀晶,让爱车常年亮如新。"

6. 强调终身保障的售后话术

> **销冠话术**
>
> "咱们品牌全国2000多个网点,24小时道路救援随叫随到。5年质保期内,连雨刮片老化都免费换新,您只管放心开。"
>
> "购车只是开始,咱们提供终身免费车检,每年两次上门服务,连刹车油液位都给您检查到位。一句话:您省心,我负责。"

05 房地产业的销冠话术

租房和售房是一个信息不对称的行业,客户在选择房源时,往往会对房屋质量、周边环境、自身权益等方面产生疑虑。房屋中介或房产销售需要通过详细的信息展示和实地看房体验,帮助客户全面了解房源,消除他们的顾虑,最终与他们顺利签下合同。

1. 强调房屋优势的话术

销冠话术

"这套房子位于市中心,交通非常便利,步行5分钟就能到达地铁站,周边还有多个公交站点,出行非常方便。而且小区环境非常好,绿化率高,居住舒适度很高。"

"您看,这套房子的采光非常好,客厅和主卧都是朝南的,阳光充足,冬天也不会觉得冷。而且房子的格局非常合理，三室两厅，适合一家三口或者四口居住。"

"这套房子所在的社区配套设施非常完善，周边有大型超市、商场、医院、学校，生活非常便利。特别是学校，步行10分钟就能到达市重点小学，非常适合有孩子的家庭。"

2. 挖掘购房者需求的话术

销冠话术

"您买房是自住还是投资？如果是自住的话，您更看重房子的哪些方面呢？比如户型、朝向、采光、通风、小区环境、周边配套等。如果是投资的话，您更关注房子的哪些方面呢？比如地段、升值潜力、租金回报率等。"

"您对小区环境、周边配套有什么要求？您希望小区绿化好一点还是安静一点？您希望小区附近有超市、菜市场、医院、学校等生活配套设施吗？您对交通出行有什么要求？比如地铁、公交等。"

3. 突出购房性价比的话术

销冠话术

"这套房子的价格在周边同类型房源中非常有竞争力，房东因为急售，价格已经比市场价低了10%左右。而且房子的装修保养得非常好，您可以直接拎包入住，省去了很多装修的时间和费用。这样的性价比在市场上真的很难找到，错过了可能就再也遇不到了。"

"这里的房价其实并不高，而且您看小区周边的配套设施非常成熟，步行5分钟就有大型超市、学校、医院，生活非常方便。您想想，平时下班回家，吃完饭可以在小区里散步，周末带孩子去附近的公园玩，生活品质一定很高。"

4. 消除租房者顾虑的话术

销冠话术

"关于租金，我们可以帮您跟房东谈谈，争取一些优惠。我理解您的预算有限，这套房的价格确实比您的预算高了一点，但是这套房的性价比很高，而且房东人也很好说话。我可以帮您跟房东沟通一下，看看能不能在价格上给您一些优惠，或者在其他方面给您一些补偿。"

"您担心租房合同问题？我们有正规的合同模板，保障您的权益。我们公司使用的是经过房管局备案的正规租房合同，合同条款清晰明确，保障了租客和房东双方的合法权益。在签订合同之前，我会详细为您讲解合同内容，确保您对每一条条款都清楚明白，避免日后产生纠纷。"

5. 获取租房者信任的话术

> 🎯 **销冠话术**

"我从事租房行业已经5年多了，对这片区域的房源情况、租金水平、周边配套设施都非常了解。您可以将自己的预算和需求告诉我，我会为您推荐最合适的房源，并为您提供专业的建议。"

"我手上有很多优质房源，可以根据您的需求推荐最适合您的房子。我们公司与很多房东都有合作，手上掌握着大量的优质房源信息。我会根据您的预算、需求、工作地点等，为您筛选出几套最合适的房源，并带您实地看房，直到您找到满意的房子为止。"

6. 促成租赁交易达成的话术

> 🎯 **销冠话术**

"最近租房市场比较火热，好房子不等人，尤其是像这种地段好、价格合适的房源，基本上挂出来几天就能租出去。我建议您尽快安排时间看房，如果觉得合适就早点定下来，免得错过机会。"

06 科技行业的销冠话术

科技产品迭代快、参数复杂，客户常因"选择困难症"而犹豫。销售人员不仅需要具备丰富的产品知识，更要用生动有趣、易于理解的话语，将复杂的科技概念转化为消费者能够感知的价值。以下6种话术能够突出产品亮点，大大提升成交的可能。

1. 强调手机性能的话术

> **销冠话术**
>
> "这款智能手机搭载了新一代高性能处理器，无论是多任务办公、高清视频还是大型游戏，都能流畅运行不卡顿！6.7英寸高刷屏让画面更丝滑，5000mAh大电池配合智能省电技术，轻松满足全天使用需求。"

"它搭载了最新一代处理器，日常使用流畅度提升40%，刷视频、打游戏几乎没有卡顿。配合5000mAh大电池，重度使用也能撑足一整天，充电20分钟就能回血50%。"

2. 突出电脑便携性的话术

销冠话术

"这款笔记本电脑的设计非常轻薄，仅相当于一支铅笔的厚度，重量比一本杂志还轻。您可以轻松把它放进公文包甚至手提包里，随时随地拿出来办公。而且它的电池续航时间长达12小时，即使在外一整天也不用担心电量问题，真正做到了'随身携带，随时办公'。"

3. 强调平板电脑多用途的话术

销冠话术

"平板其实是手机和电脑的完美补充。比如这款平板，屏幕比手机大很多，看剧、阅读电子书、做笔记都更舒服；同时它又比电脑轻便，随身携带毫无压力。它还支持手写笔和键盘，您可以随时切换成办公模式，处理文档、做设计都很方便。对于孩子来说，它也是一款很好的学习工具，内置的教育应用和护眼模式，能让孩子用得健康又高效。"

"这款平板的屏幕采用了高刷新率技术,看视频、玩游戏都特别流畅,画面不会出现拖影。而且它的四扬声器设计,音效非常震撼,看电影时就像在影院一样。您还可以把它放在客厅,全家一起看剧、玩游戏,或者用它来视频通话,大屏幕让沟通更有温度。"

4. 展示相机拍摄效果的话术

销冠话术

"这款相机的传感器非常大,就像人的眼睛一样,能捕捉更多的光线和细节。无论是白天还是夜晚,拍出来的照片都非常清晰,色彩也很真实。比如您去旅游,拍风景时能还原每一片树叶的纹理,拍人像时背景虚化效果也很自然,完全不需要后期修图。而且它的对焦速度特别快,抓拍小朋友或者宠物瞬间的表情,完全不会错过精彩时刻。"

"这款相机不仅拍照效果好,拍视频也非常出色。它支持4K高清录制,画面细节丰富,色彩还原度很高。而且它的防抖功能特别强大,即使您边走边拍,画面也能保持稳定流畅。比如您去旅行,用它记录风景或者拍摄Vlog,效果堪比专业设备。"

5. 突出蓝牙耳机音质的话术

销冠话术

"这款耳机采用了最新的音频解码技术，音质表现非常出色。低音浑厚有力，高音清晰不刺耳，听音乐时就像置身于演唱会现场。而且它还支持主动降噪功能，在地铁、飞机上也能享受纯净的音乐体验。最重要的是，它的连接非常稳定，不会出现断连或者延迟的情况，打游戏或者看视频时音画完全同步。"

6. 凸显智能手表健康功能的话术

销冠话术

"这款手表不仅能记录步数，还能实时监测您的心率、血氧水平和睡眠质量。比如您晚上睡觉时，它会自动分析您的睡眠状态，给出改善建议。运动时，它能识别多种运动模式，精准记录卡路里消耗。最重要的是，它还有异常心率提醒功能，如果检测到您的心率过高或过低，会及时发出提醒，相当于给您配了一个24小时的'健康小助手'。"

"这款手表支持50米防水，游泳、跑步时都可以佩戴。它内置了多种运动模式，比如跑步、骑行、游泳等，能精准记录您的运动数据，比如距离、速度、心率等。运动结束后，它会生成详细的报告，帮助您分析运动效果。"

第四章

电话销售的销冠话术

01 做足准备，让电话不再被秒挂

当今时代，电话销售似乎成了许多销售人员心中的一块"硬骨头"。尤其是对于初入行的销售小白来说，一提到电销就感到头皮发麻。

为什么害怕电话销售？还不是因为没掌握窍门！一打电话就被客户各种拒绝，甚至话都没说几句就被秒挂，那感觉，就像一盆冷水兜头浇下，把满腔的热情瞬间浇灭，自信心也随之受挫。

然而，正是这种让人望而却步的工作方式，却隐藏着无限的机遇。一旦掌握好电销技巧，不仅能克服内心的恐惧，还能让职业生涯更加顺畅。

首先，我们需要明确一点：电话销售不是你在求着客户买东西，而是你在给客户提供一个解决问题、满足需求的绝佳机会。你是带着价值去和客户沟通的，是能为他们的生活或者工作带来改变的。

如果你一接通电话就唯唯诺诺，说话结结巴巴，自己都对产品没信心，那客户凭什么要听你啰唆？他们可没那个闲工夫去陪一个毫无底气的销售员浪费时间。

你得学会在电话接通的那一刻，就像一个掌控全局的将军，迅速掌握住对话的节奏和方向。别让客户牵着你的鼻子走，而是要巧妙地引导他们跟着你的思路走。

俗话说"不打无准备之仗"，在打电话之前，销售小白可以先做好以下准备。

将客户名单分类整理

就是把那些身份、阅历相近的潜在客户，全部列在同一份名单上。这样做，能让你在一定时间内，专注于对相似的客户进行电话拜访。

比如，如果你的产品是高端商务办公软件，那就把那些在大企业担任中层管理及以上职位的人列在一起。跟他们沟通起来就能更有针对性，不至于牛头不对马嘴。

熟练掌握将要表达的内容要点

电话销售不是瞎聊，得有备而来。在给客户打电话之前，脑袋里得先起草一份逻辑清晰的大纲，把要陈述的内容要点一一列出来。这不单单是产品的基本信息，还得包括跟客户沟通时的话术、应对客户关键提问的措辞等。

比如，你需要提前准备好一套话术，不管客户是不耐烦、质疑还是直接拒绝，你都能应对自如。这样做，能防止你因为紧张而卡壳、忘词，让你说话更有条理，也能让你在电话里的表达更能打动对方的心。

比如，你卖健身器材，准备的大纲里应包含以下这些：

产品信息：器材使用的技术、材质、能锻炼的部位、效果。

沟通话术："您好，我看您平时工作忙，可能没太多时间去健身房，但我们的健身器材放在家里，不占地方，随时都能抽空锻炼，轻松保持好身材呢。"

要是客户问"这器材质量怎么样，能用多久"，你就得准备好回答"您放心，我们的器材经过严格检测，正常使用个五六年都没问题，而且还有完善的售后服务呢"。

找准打电话的时机

打电话时机选不对，那基本就是白搭。千万别在客户不方便的时候去打扰人家，人家正忙得焦头烂额，哪有耐心听销售唠叨。

所以，每次拨通电话，第一句话一定是"请问您现在讲话方便吗"。如果对方说正忙，别死缠烂打，赶紧客气地问对方"什么时候方便呢"，重新约一个时间。

此外，电话销售能不能顺利进行，很多时候取决于打电话时的小细节：

你的开场白要精彩

心理学家研究表明，呼出电话的最初15秒，是电话销售的黄金时间。在短短15秒里，如果不能迅速抓住对方的兴趣点，让对方眼前一亮，这通电话很可能就被中断了。

例如，你卖亲子旅游产品，开场白可以这么说："您好，您是李女士吧？我是旅行社的工作人员，今天给您打电话是想跟您分享我们新推出的亲子体验活动。您这会儿方便听我详细说说吗？"

做一名称职的倾听者

倾听能帮你更好地了解客户，摸清他们的个人情况。你在说话的时候，也得时刻留意对方的反应。

即使客户提出反对意见，你也得老老实实听对方说完，千万别着急反驳。因为你一反驳，客户心里可能就不痛快了，觉得你不尊重他的想法。

例如，客户说："你们这旅游产品太贵了，我可消费不起。"你不能立马说："不贵不贵，我们这性价比多高呀。"而是要先听他说完，然后说："嗯，我理解您的顾虑，价格确实是个重要因素。不过，我们的旅游产品之所以这样定价，是因为它包含了很多独特的体验项目。您要是有兴趣，我可以再详细给您说说。"

体现出利益共享

电话销售要想成功，就得让客户觉得这是一次双赢的合作，而不是你单方面想卖东西给他。你得向客户传达出这样的信息：我给你介绍这款产品，是真心为你好，能让你从中获取价值。

比如，卖办公文具，你可以说："您好，我给您介绍的这款办公文具，不仅书写流畅，而且很耐用，能帮您节省不少频繁更换文具的时间和成本，对您和公司都有好处，您觉得呢？"

谈吐要清晰，表现要自信

好多销售一拿起电话就紧张得不行，语气语调全乱套了，客户听你说了半天，可能都不知道你在讲什么，这是一个很大的雷点！

首先，需要冷静下来，反正客户又看不见你，没什么好紧张的。如果实在紧张，一方面要放松心情；另一方面，说话宁可慢一点，也别太快，得让客户能听清楚你说的每一个字，把公司名称、产品内容等关键信息都向客户说明。

比如，你卖教育培训课程，可以这么说："您好，请问您在忙吗？今天给您打电话，是想介绍我们的教育培训课程。我们的课程是由业内资深专家授课的，内容非常实用，能帮助您提升多个方面的能力。您这会儿方便听我详细说说吗？"

其次，销售过程中，你的态度要始终保持礼貌和尊重，即使客户拒绝了你，也不要气馁或表现出不耐烦的情绪。在电话销售中，每一次通话都是一个潜在的销售机会，你需要用心对待，尽全力去争取。

同时，为了更好地与客户建立信任关系，你可以在通话中适当分享一些行业内的小知识、小技巧，或者提供一些对客户有用的建议和信息。这样做不仅能增加客户对你的好感度，还能让客户觉得你是真心为他着想，从而更愿意接受你的产品和服务。

02 客户说"没兴趣"？不如这样巧妙回答

电话销售时，最常听到的拒绝就是"没兴趣""不需要"。面对这种情况，我们应该怎么办？其实，这背后隐藏着一个简单却重要的销售哲学：多说一句话就可能赢得客户听下去的机会。

客户的"没兴趣"并非偶然，而是常态。销售人员应以平和、理解的态度回应，避免直接反驳或施压，想办法把拒绝转化为肯定，让客户动摇拒绝的意愿。

1. 当客户说很忙

销冠话术

客户："我现在很忙，没时间听你讲。"

销售人员："我完全理解您的时间宝贵。不过，如果只需占用您3分钟，让您了解一个对您非常重要的议题，我相信这将是一次值得的投资。"

2. 当客户说没兴趣

> **销冠话术**
>
> 客户:"我没兴趣。"
>
> 销售人员:"我理解,不了解的东西自然难以产生兴趣。能否让我简单介绍一下我们的产品,这样您也能有个初步了解,说不定会发现它正是您需要的。您觉得呢?"

3. 当客户说看资料

> **销冠话术**
>
> 客户:"你把资料发给我看看。"
>
> 销售人员:"没问题,方便加您的微信或者留个邮箱吗?我可以给您解读一下里面的内容,请问您什么时候方便呢?"

4. 当客户说没有钱

> **销冠话术**
>
> 客户:"抱歉,我没有钱。"
>
> 销售人员:"我理解您在经济方面的考虑,我们有灵活的解决方案,可以帮助您以最小的投入获得最大的回报。需要为您具体说明吗?"

5. 当客户说研究一下

> **销冠话术**
>
> 客户:"我还需要研究研究。"
>
> 销售人员:"没问题,如果您有什么想了解的都可以随时问我,方便加您一个微信沟通吗?"

6. 当客户说下回再打电话

> **销冠话术**
>
> 客户:"我再考虑考虑,然后给你电话。"
>
> 销售人员:"期待您的电话,为节省您的时间,我可以在周三下午或周四上午给您回电,您看看哪个时间更方便呢?"

7. 当客户埋怨你推销

> **销冠话术**
>
> 客户:"说到底还是要推销东西。"
>
> 销售人员:"是的,但是让您觉得满意的东西我才会推销给您,如果不合适,我也会如实告知。"

8. 当客户说要想想

> **销冠话术**
>
> 客户:"我要先好好想想。"
>
> 销售人员:"请问还有什么让您犹豫的地方呢?可以随时告诉我,我们可以一起解决。"

9. 当客户说已有同样产品

> **销冠话术**
>
> 客户:"我已经有很多类似的产品了,不需要再买。"
>
> 销售人员:"我理解您可能已经有一些产品,但每个产品都有其独特的优势。我可以分享一下我们产品与众不同的地方,也许它能补充您现有的产品线,或者提供更好的解决方案。您愿意听听看吗?"

10. 当客户说现在不需要

> **销冠话术**
>
> 客户:"我现在不需要,谢谢。"
>
> 销售人员:"完全理解,需求总是在变化的。我可以定期和您联系。同时,如果您有任何问题或者想要了解更多信息,我随时为您服务。"

11. 当客户担心产品质量

销冠话术

客户:"我担心产品质量不好。"

销售人员:"您的担心是很正常的。我们公司的产品质量都是有保障的,并且会提供完善的售后服务,如果产品出现任何问题,我们会及时解决。您可以来我们的实体店线下体验一下,或者看一下我们的客户评价。"

12. 当客户说不信任产品

销冠话术

客户:"我不相信电话销售的产品。"

销售人员:"我理解您的担心,您放心,我们公司是一家正规的企业,产品都经过了严格的测试和认证,支持第三方平台交易,您可以放心购买。如果您还是不放心,我们可以提供一些试用产品或者客户案例,您倾向于哪种验证方式?"

通过结构化的话术设计和专业的沟通节奏把控,销售人员能有效将客户拒绝转化为深度沟通契机,逐步建立信任关系,最终实现销售目标。

03 用话术搭建信任桥梁，让沟通更深入

开场白无疑是整个电话销售过程中最重要的一环，它是我们与客户建立联系的关键点。一个优质的开场白，能够迅速地拉近我们与客户之间的距离，在彼此之间搭建一座信任的桥梁，便于发展长期的客户关系。

下面是4种常见的与客户建立联系的方法。

1. 以完善客户信息为切入点

这种开场方式具有诸多优势，相对容易被客户接受。当我们以完善客户信息为由与客户展开对话时，客户往往不会产生过多的抵触情绪。通过这种方式，我们能够在第一时间获取有关客户更为全面、细致的信息，使我们的销售策略更具针对性，从而提高销售成功的概率。

> 🎯 **销冠话术**
>
> "您好,我是保险公司的小李。我们之前已经有了一些基本的客户信息,但为了更好地为您服务,我们希望进一步了解您的具体需求和偏好。方便耽误您几分钟时间吗?"
>
> "您好,我是证券公司的小李。为了给您提供更精准的服务,我们想更新一下您的客户档案。您现在方便吗?"
>
> "先生/女士,感谢您上次与我们分享的信息。为了确保我们的服务更加贴合您的业务需求,可以占用您几分钟来补充一些详细信息吗?"

2. 以回访名义再次接触

在实际的销售工作中,我们会发现,即便面对的是真正具有购买潜力的有效客户,也并非在第一次拜访时就能顺利实现签单。销售往往是一个循序渐进的过程,很多时候还需要进行后续的多次拜访。

再次拜访的核心目的在于,进一步深入了解客户的需求,挖掘客户内心存在的疑虑以及尚未被满足的期望等。对于这类已经有过拜访经历的客户,我们在开场白的设计上可以更加直接一些。快速开启有价值的对话,从而提高拜访效率,推动销售进程。

> 🎯 **销冠话术**
>
> "周总,看到贵公司在2024年注册成为我们官网会员,是我们的老朋友了。这次我们想了解一下贵公司的情况和您的想法,后续有机会的话可以合作。"

第四章 电话销售的销冠话术

"您好，我是基金公司的小李，我们上次见面时您对我们的产品表现出很大的兴趣。我想了解一下您最近是否有新的需求或疑问，我们可以进一步探讨。您现在方便吗？"

"您好，我是期货公司的小李，上次我们讨论了您的业务需求，我想再次确认一下您目前的具体情况，看看我们能否提供更多的帮助。您现在有时间吗？"

"先生/女士，上次谈话非常愉快，我对您的业务有了更深的了解。不知道您最近是否有新的进展呢？我们可以一起探讨。"

3. 利用竞争对手激励客户

在商业竞争场中，客户对于竞争对手的动态通常都非常敏感。如果我们能够巧妙地提及同行所取得的某些成就或进展，往往能够激发客户的兴趣和紧迫感。当然，在使用这种方法时需要注意措辞和方式，避免给客户留下带有攻击性的印象，同时，不能透露竞争公司的隐私信息。

销冠话术

"您好，冒昧地打扰您，很多和您做同类产品的企业找到我们，我想了解一下您这边是不是也有市场推广方面的需求呢？"

"您好，我们最近了解到，您的同行公司使用了我们的产品后，业绩有了显著的提升。我们相信您的企业同样能够从中受益。您有兴趣了解更多吗？"

"您好，我们注意到您的竞争对手通过使用我们的解决方案，成功提高了客户满意度。如果您愿意，我可以详细介绍我们的方案，看看是否适合您的企业。您现在方便吗？"

4. 利用熟人介绍

要清晰地提及介绍人的姓名和身份，强调介绍人与客户之间的良好关系，让客户感受到这是一种可靠的联系。在建立了一定的信任和友好氛围之后，要自然地过渡到销售话题。

人们倾向于相信他们所熟悉的人推荐的产品或服务。因此，提及一个双方都认识的人，可以有效地消除初次接触的陌生感，让客户更愿意倾听你的介绍，并对你所提供的产品或服务持开放态度。

销冠话术

"您好，我知道贵公司最近准备购进一批电脑。之前我和贵公司的李主管联络过，他对我们的电脑品质比较满意，但是最后决策还要您来做，因为您是贵公司的最高领导。"

"您好，我是基金公司的小李。您的朋友向我推荐了您，说您可能对我们的产品感兴趣。我可以简单介绍一下吗？"

"您好，您的朋友告诉我您最近在寻找全屋定制设计服务，不知道您现在是否方便讨论一下？"

04 完美收尾话术，为下次沟通埋下伏笔

挂电话前的黄金30秒，是加深客户印象、促进成交的关键时刻。这段时间内，销售人员的言行将决定客户是否会记住你的产品或服务。以下是一些方法，可以帮助你抓住挂电话前的黄金30秒。

1. 总结并确认下一步行动

在挂电话前的最后30秒，总结你们的对话要点，确认客户对产品或服务的理解程度，以及他们是否有疑问或顾虑。避免冗长和重复的话语，保持简洁明了。

然后，提出下一步行动的建议，例如安排一次会面、发送更多信息或资料等。

在整个通话过程中，要始终保持积极的态度和语气，让客户感受到你的热情和专业。

> 🎯 **销冠话术**
>
> "您对我们的课程内容还有什么疑问吗？或者有什么特别关注的点？"（确认理解）
>
> "如果您对我们的课程感兴趣，我可以安排一次免费的试听课程，或者发送一些详细的资料给您。"（提出下一步行动）
>
> "那么，我将在15分钟之内给您发送相关资料。"（确认行动计划）
>
> "您确认好订单之后，如果有任何疑问或建议，请在明天之前给我回复，您看可以吗？"（询问反馈）

2. 感谢并礼貌结束通话

在挂电话前，不要忘记感谢客户抽出时间。用礼貌的语言结束通话，例如："非常感谢您抽出时间与我交谈，希望我们很快能再次联系。"让客户感受到你的专业和友好。在结束通话前，再次告知客户你的联系方式，方便他们随时联系你。

> 🎯 **销冠话术**
>
> "非常感谢您今天抽出时间与我交谈。"（表达感谢）
>
> "希望这些信息对您有帮助，如果您有任何问题，欢迎随时联系我。"（礼貌结束）
>
> "以下是我的联系方式，您可以随时给我打电话或发短

信。"（留下联系方式）

"期待很快能再次与您联系，祝您有美好的一天。"（期待下次联系）

3. 短信跟踪

电话推销结束后，可以借助短信跟踪客户，进行有效的客户关系管理。无论推销成功与否，恰当的短信都能加深客户对你的印象，促进后续合作或挽回可能错失的机会。

在编辑这类短信时，需要重点关注以下几个方面。

突出个性化：内容个性化，提到客户的姓名和具体细节，让客户感受到你的真诚和专业。

语言简洁：短信应简短精练，避免冗长的文字，确保客户能够快速阅读和理解。

态度礼貌：无论推销是否成功，都要保持礼貌和专业的态度，给客户留下良好的印象。

引导互动：在短信中适当加入行动号召，例如邀请反馈、提供联系方式或邀请参加活动，以促进互动。

下面是两种不同情况下发短信的示例：

推销成功的情况

①尊敬的（客户姓名），感谢您选择我们的（产品/服务）。我们很高兴能为您提供帮助。如果您在使用过程中有任何问题，欢迎随时联系我们。祝您使用愉快！（确认与感谢）

②亲爱的（客户姓名），感谢您购买我们的（产品/服务）。为了让您更好地享受我们的产品，这里有一些使用小贴士和特别优惠，希望对您有帮助。（提供额外信息或优惠）

③尊敬的（客户姓名），非常感谢您对我们的信任。为了更好地提升我们的服务质量，欢迎您分享您的使用体验和建议。期待再次为您服务！（邀请反馈）

推销未成功的情况

①尊敬的（客户姓名），虽然这次我们未能达成合作，但非常感谢您抽出时间与我交流。如果您未来有任何需求或疑问，欢迎随时联系我。祝您工作顺利，生活愉快！（表达感谢与持续关注）

②亲爱的（客户姓名），虽然我们的产品目前未能满足您的需求，但这里有一些行业资讯和资源，希望能对您有所帮助。（链接）如有任何问题，欢迎随时咨询。（提供有价值的信息）

③尊敬的（客户姓名），感谢您考虑我们的提议。我理解您现在可能没有相关需求，但我会继续关注您的需求变化。如果将来有合适的机会，希望能再次为您提供帮助。祝一切顺利！（保持联系并表达诚意）

【案例：电话销售黄金30秒】

小张是某教育平台的销售代表，一次电话销售中，他给一位潜在客户李女士打电话，向她介绍平台的免费精品课程。

电话中，李女士对于购买产品十分犹豫，但没有完全拒绝。于是，小张决定抛出额外的优惠，以此增强产品的吸引力。

小张说："李女士，为了感谢您对我们的关注，我们特地准备了一节免费的精品课程。这节课由我们最资深的讲师主讲，内容非常实用。如果您感兴趣，只需提供一个邮箱地址，我们马上为您发送课程链接。"

这时候，大多数客户都会想："反正不要钱，听听也无妨。"李女士也不例外。

于是，李女士接受了这个"赠品"。事实上，这只是一个开始。接下来，销售人员会通过这节课，逐步引导客户了解更多的付费课程和服务，以最终实现成交。

05 精准把握客户需求，提供针对性解决方案

在和顾客初步联系并建立信任之后，接下来，我们就要尝试深挖客户的需求，并将这些需求转化为痛点。学会提问，通过提问引起客户的注意，然后积极地倾听，让客户尽量说更多的话，问出客户的需求。

要想使提问更高效，那么在开口提问之前，必须明确以下3个关键要点：

第一，明确提问的目的。提问绝非毫无目的的随意行为，其核心目的在于促成销售。这是整个销售流程中的关键环节，每一个问题都应紧密围绕这一目标展开。如果提问偏离了这个方向，那么不仅无法推动销售进程，反而可能导致销售机会的丧失。

第二，确定想要获取的信息。提问必须精准，要清楚自己为什么要提出这个问题，以及期望通过这个问题得到什么样的结果。

第三，思考采取怎样的方式提问。提问方式的选择至关重

要，它直接影响到客户的接受程度和回答的质量。一个好的提问应该是简洁明了、易于理解的，同时要避免让客户产生压力或不适感。例如，可以采用开放式问题来引导客户充分表达自己的想法和感受，也可以使用封闭式问题来获取明确的答案，更全面地了解客户的立场和态度。

接下来，我们可以从5个方面入手进行提问。

1. 从客户现状入手

了解客户目前的实际状况，询问他们所面临的问题。借助引导式提问，帮助客户更加清晰地认识到自身的需求。

> 销冠话术
>
> "我想了解一下，您在企业管理方面是否也遇到了一些困扰呢？您可以详细说一说。"
>
> "请问您目前在使用软件的过程中，遇到了哪些具体的问题？是软件的功能无法满足您的需求，还是操作不够便捷？"
>
> "您之前提到过系统库存显示不准确的问题，您需要一个新的系统来解决这个问题吗？"

2. 试探客户对产品或服务的认知

询问是否了解相关产品，如果客户了解，可进一步询问他们的看法；如果不了解，则可以进行介绍。

🎯 **销冠话术**

"您之前是否了解过我们这类产品？"

"您对市场上类似的产品有了解吗？您觉得它们的表现如何？"

"我们的产品已经在很多企业得到了广泛应用，帮助他们解决了生产效率低下的问题。您有兴趣了解更多吗？"

3. 探索客户需求的优先级

明确客户最为关心的问题以及希望优先解决的问题，只有这样，才能确保我们所提供的解决方案是最符合客户实际需求的。

🎯 **销冠话术**

"在您提到的这些问题中，哪一个是您最希望尽快解决的？"

"库存不准导致的订单延误确实是个严重的问题。在您提到的这些问题中，解决库存不准是您最希望尽快处理的吗？"

"如果我们能够帮助您解决成本控制问题，您会选择我们的产品吗？"

4. 了解采购预算

充分了解客户的预算范围。只有确保我们提供的产品的价格在客户的可接受范围，才能增加销售成功的可能性。

> 📌 **销冠话术**
>
> "能问一下贵公司的预算范围吗？我们有不同价位的解决方案，可以满足您的需求。"
>
> "您对价格有什么特别的要求或限制吗？我们可以根据您的预算来定制解决方案。"

5. 了解客户的决策权

务必确保我们是在和拥有实际决策权的人员交谈，这能够避免在销售过程中浪费大量宝贵的时间和精力。了解客户的决策标准，然后根据客户的关注点来调整销售策略。

> 📌 **销冠话术**
>
> "除了您本人，是否还有其他人员参与这类重要的决策？"
>
> "这类决策通常需要经过哪些流程？比如内部审批、竞标等。"
>
> "您还需要我们提供哪些方面的支持或信息呢？"

第五章

快速成交的进阶话术

01 销售过程中谈折扣的话术

价格是场拉锯战,不少消费者对价格非常敏感。在销售过程中,无论是线上还是线下,谈折扣都需要策略和技巧。

下面的这些话术,可以帮助你在价格谈判时步步为营,在保持利润的同时满足客户的需求,建立起长期的客户关系。

1. 了解客户需求和预算的话术

在谈判之初,不要急于给出折扣,而是先通过提问深入了解客户的需求和预算。这一步的目的是建立信任,同时收集信息,为后续的折扣谈判打下基础。

> **销冠话术**
>
> "您好,感谢您对产品感兴趣。为更好地为您服务,能说说具体需要哪些功能吗?"
>
> "您有特定的预算范围吗?我知道了好给您合适的建议。"

> "您的预算大概在哪个区间呢？我好结合您的需求和预算，给您介绍最合适的产品款式和优惠方案。"
>
> "我们的产品有多种功能和配置可以选择呢。我想先问问您，您对产品的功能（如手机的存储容量、运行速度等）方面有没有特别的要求呀？"

2. 展示产品价值和附加服务

在了解了客户的需求和预算后，下一步是强调产品的价值和其他附加服务。这一步的目的是让客户认识到他们所支付的价格是合理的，甚至是物超所值的。

销冠话术

> "我们的产品采用了最新的技术，能够显著提高您的工作效率。此外，我们还提供免费的培训和长期的技术支持。"
>
> "如果您现在决定购买，我们可以为您提供免费的安装服务和一年的维护保障。"
>
> "除了产品本身，我们还能提供免费试用，让您有足够的时间体验产品的性能。"
>
> "我们可以为您提供免费的上门安装调试服务，确保您拿到手就能轻松使用。另外，还有长达两年的质保期，这期间如果出现任何质量问题，我们都会免费为您维修或更换。"

3. 灵活调整折扣方案的话术

在确保客户对产品价值有了充分认识之后，可以根据客户的购买力和订单量灵活调整折扣方案。这一步需要保持一定的灵活性，同时确保不会损害到企业的利润空间。

> **销冠话术**
>
> "考虑到您的购买量较大，我们可以为您提供额外的5%折扣。您觉得这样的方案是否合适？"
>
> "如果您愿意与我们签订一年的服务合同，我们可以为您提供一个特别优惠价，相当于打了9折。"
>
> "作为对我们长期客户的感谢，我们可以为您提供一次性的10%折扣。希望您会喜欢这个优惠。"
>
> "如果您能介绍更多的客户给我们，我们可以给您提供更高的折扣或返利。"

4. 折扣需要避免的误区

折扣是敏感而重要的，在价格谈判时，如果不小心陷入误区，很可能会影响销售效果和品牌形象。下面是一些价格谈判过程中常见的误区：

过早让步

有些销售人员为了快速成交，会在谈判初期就提供较大的折扣。这种做法可能会让客户觉得还有进一步压价的空间，导致他们继续要求更多优惠。

所以，在了解客户需求和预算之前，不要轻易提供折扣。通过深入沟通，找到客户的真正需求点，再有针对性地提出折扣方案。

✗ 错误话术

"如果您现在就能决定购买，我可以立即给您一个20%的折扣。"

◎ 销冠话术

"我理解您对价格的关注，但我想先确保我们找到最适合您的解决方案。让我们先讨论一下您具体的需求和预算，然后我可以看看我们能如何为您提供最佳的优惠。"

忽视成本

在给予折扣时，没有充分考虑到产品的成本和利润空间，可能会导致企业亏损或利润率过低，长期来看不利于企业的健康发展。

销售人员需要在谈判前明确自己的底线，确保即使给予折扣后，仍能保持合理的利润空间。

✗ 错误话术

"没问题，我可以给您打个对折，这样您就能买到这款产品了。"

◎ 销冠话术

"我们非常重视每一位客户的满意度，同时也需要确保我们的服务和产品质量。我先去和领导沟通一下具体情况，看看能为您争取到怎样的优惠,您稍等我一下呀。"

一刀切的折扣策略

对所有客户都采用相同的折扣策略,不考虑客户的具体情况和购买力,可能会让一些高价值客户感到不满,因为他们没有得到应有的重视,同时也可能损失潜在的利润。

正确的做法是根据客户的购买历史、订单量等因素制定差异化的折扣政策,以满足不同客户的需求。

✗ 错误话术

"我们对所有客户都是统一的价格,没有办法给您特别优惠。"

销冠话术

"您看呀,如果您是新客户,初次购买我们的产品,我们也有专门为新客户准备的优惠哦,比如购买满100元就可以享受8折优惠,同时还会赠送一份精美的小礼品。"

过度强调价格

在谈判中过分关注价格因素,忽略了产品的价值和其他附加服务,可能会让客户误以为产品质量不高或者服务不到位,从而影响品牌形象。

事实上,谈判价格的时候,除了价格本身,还要强调产品的质量和售后服务等非价格因素，提升整体价值感。

❌ 错误话术

"这个价格已经很便宜了，您再也找不到比这更低的价格了。"

🎯 销冠话术

"我们这款产品，价格方面确实是大家比较关注的一点，但您可别光看价格哦。它质量优良，产品的耐用性和稳定性都非常出色，还有一套完善的售后服务体系，不管您在使用过程中遇到什么问题，我们都能为您解决，让您没有后顾之忧。"

缺乏灵活性

有些销售人员一旦确定了折扣方案，就不愿意做出调整，即使面对客户的合理要求也是如此。这种做法可能会失去一些原本可以达成的交易机会。

建议保持一定的灵活性，在不违背原则的前提下适当调整折扣方案，以促成交易。

❌ 错误话术

"这是我们公司规定的标准折扣，没办法再低了。"

第五章　快速成交的进阶话术

> 🎯 **销冠话术**
>
> "我给您说的这个折扣方案,确实是我们目前的一个基本政策。我特别理解您可能有一些特殊的情况和需求,如果您觉得这个折扣还是不太满意,可以和我说说具体是哪些方面不太满意呢,比如是希望折扣力度再大一点,还是有其他的特殊要求呀?"

忽视长期关系建设

只看重眼前的利益,忽视了与客户建立长期合作关系的重要性。虽然短期内或许可以获得更多的订单,但长期来看可能会失去忠实的客户。

在给予折扣的同时,也要注重维护良好的客户关系,通过优质的服务和持续的沟通来增强客户的忠诚度。

> ❌ **错误话术**
>
> "这次给您这么大的折扣,下次可就没有了。"

> 🎯 **销冠话术**
>
> "特别感谢您选择我们的产品,这次给您的这个折扣,一方面是希望能给您带来实惠,另一方面也是一份诚意,以后您要是有任何问题或者新的需求,都可以随时联系我。"

02 让小利吸引成交的话术

有时，在销售过程中，"失小便宜"是一种大智慧。

消费者和销售人员一样，都是普通的人。在进行购买活动时，所有消费者都希望能用尽可能低的价格，来达成自己的购买目的。这种想要占便宜的消费心理，在很大程度上左右着大多数客户的购买决策。

消费者这种爱占便宜的心理，恰恰就是销售人员需要紧紧抓住的绝佳商机。换个角度来讲，如果销售人员能够巧妙运作，让顾客真切地感受到自己占了便宜，让他们打心底里觉得购买的产品或服务物超所值，那么他们自然会乐意掏钱购买。

1. 对比价格的话术

追求"高性价比"是绝大多数消费者的核心诉求，很少有人愿意为相同的商品支付更高的价格。人们普遍希望以经济实惠的成本，获得高品质的商品，这正是占便宜心理的直观体现。

利用这种心理，我们可以使用两种策略：与原价对比；与竞争对手价格对比。通过鲜明的价格差，直接地满足消费者占便宜的心理。

> 销冠话术

"亲，您看这款衣服，原价300元呢，现在我们做活动，直接给您降到150元，整整便宜了一半呀，您现在买真的太划算了，相当于捡了个大便宜，您还在等什么呢？"

"您好，我们这款产品，其他家同样配置的都要800元以上，我们现在新品优惠，只需要600元，并且还有完善的售后服务。"

2. 提供限时优惠的话术

进一步来说，精心设计的优惠活动同样能激发消费者的购买欲望。

明确告知客户产品在特定时间段内享有折扣优惠，大多数消费者在面对产品的真实价值时，并不会过多纠结，只要他们认为自己能够获得优惠，就会更愿意打开钱包。

> 销冠话术

"我们这款产品正在进行限时24小时的超值折扣活动哦，原价200元，现在只需150元就能拿下，活动结束就恢复原价啦，您可别错过这个捡便宜的好机会！"

"满300元减50元、满500元减100元，活动截止到本周末，非常划算！"

3. 赠送礼物的话术

当客户购买产品时，我们可以赠送与之相关且实用的赠品。比如销售护肤品时，赠送同系列的试用装，强调赠品的实用性和单独购买的价值，让客户觉得除了产品本身，还额外得到了好处。

> **销冠话术**
>
> "您现在购买这套护肤品，我们可以免费送您一套同系列的试用装，还有一个化妆棉小礼包，这些赠品平时单独买都得好几十块钱呢，现在您买产品就白送。"
>
> "一次性消费满1000元，我们就送您一台价值500元的智能音箱，这可是实实在在的大便宜，您看您再挑点啥凑够1000元，就能把音箱带回家啦！"
>
> "如果您同时购买这两款产品，我们可以为您提供一个组合优惠价。"

4. 创造专属优惠的话术

针对新客户，可以给予新客优惠待遇，让他们感觉受到特殊关照，吸引他们成为首次购买者。

针对老客户，可以提供额外折扣、积分兑换等优惠，让他们感受到作为老客户的特殊待遇，觉得自己持续支持商家得到了回报，进而巩固老客户群体，促使他们再次购买。

> **销冠话术**
>
> "只要您是新注册的客户，首单就能享受8折优惠呢，而且还送您一张价值20元的无门槛优惠券，下次购物还能用。"
>
> "亲爱的老客户，感谢您一直以来对我们的支持呀，这次专门为您准备了一个老客户专属的优惠活动哦，您这次购买任意产品，都能享受9折优惠，还能根据您的累计消费积分兑换精美礼品。"

5. 提供增值服务优惠的话术

对于一些需要安装调试的产品，如家电、家具等，宣传免费服务。让消费者免费获得原本需付费的服务，从而感觉占了便宜，增加购买的吸引力。

> **销冠话术**
>
> "您购买我们这款空调，我们不仅给您提供高品质的空调产品，还会安排专业师傅免费上门为您安装调试，这要是在外面请人安装，至少得花一两百块钱呢，现在您买我们的空调就能全免费。"
>
> "这款手机，如果您今天下单，我们给您延长一年的质保期，正常质保只有一年，现在您能多享受一年的免费质保呢，相当于省了一笔潜在的维修费用。"

03 应对客户拒绝或挑刺的话术

与客户争辩，最后吃亏的总是销售人员自己。但这不意味着我们要放弃原则，对客户的无理要求全盘接受，而是要用更聪明的方式解决问题。

如果客户的话站不住脚，我们没必要直接硬碰硬。对于那些无关痛痒的话，我们大可以一笑了之，不必浪费口舌；但若真到了不得不反驳的时候，我们得用点技巧，先给个甜头，肯定一下客户的部分观点，再巧妙地切入正题，指出问题的关键。

1. 理解归纳

在面对客户的多种反对意见时，销售人员可以尝试将这些意见进行归纳总结，然后一次性回应。这样做不仅可以减少客户意见的分散性，还能让客户感受到销售人员的专业和耐心。

例如，当客户对产品的价格、功能和售后服务等方面提出质疑时，销售人员可以说："我理解您对价格、功能和售后服务的担忧，但请相信，我们的产品在市面上绝对是性价比最高的产品，不仅能够满足您的需求，而且会提供完善的售后服务。"

通过这种方式，能够更有效地打消客户的疑虑，提高成交的可能性。

2. 坚决否定

对于客户的不实指责或误解，销售人员需要坚决地予以否定，维护好产品的声誉和公司的形象。

例如，当客户质疑产品的质量时，销售人员可以明确地回答："我们的这款面料是最新研发的，绝不褪色，可以用品牌名誉担保。"

又如，当客户认为产品是山寨版时，销售人员可以坚定地回应："我们店从不卖山寨版。"

坚决否定，不仅能够消除客户的疑虑，还能够增强客户对产品的信任感。

3. 展示诚意

当遇到无法说服的客户时，销售人员可以采用反问的方式，表明自己的诚意，削弱客户的反对意见。

例如，当客户对产品的功能表示怀疑时，销售人员可以问："您是怎样看待这个问题呢？"或者"要我如何做才能说服您呢？"

这样的问题不仅能够让客户重新思考自己的立场，还能够展示出销售人员真诚的态度。

4. 主动出击

在客户提出疑虑之前，销售人员可以主动出击，自问自答，将问题解释清楚。这样做不仅能够给客户留下诚实、可靠的印象，还能够提前消除客户的疑虑。

例如，当客户认为产品功能单一时，销售人员可以主动说："您可能认为它功能单一，但是正因为其功能单一，其效果才比多功能的要好。有些功能很少能用上，即浪费资源又浪费金钱，何必呢！"

又如，当客户认为商品价格偏高时，销售人员可以解释："很多人可能会认为咱们家的商品价格有点偏高，但这是全手工制作，绣一幅要花上半天时间，其实是很划算的。"

5. 顺应情绪

当客户对产品的价格或质量表示不满时，销售人员可以适当地顺应客户的情绪，然后再进行解释和说明。

例如，当客户抱怨产品价格过高时，销售人员可以回应："是的，价格的确比较高，因为纯羊皮产品的价格都会比一般面料更高。"

先让客户感受到理解和支持，降低客户的抵触情绪。接着，销售人员可以进一步解释产品的价值和优势，帮助客户认识到产品的实际价值。

第五章　快速成交的进阶话术

6. 转折强调

当客户对产品的某些方面表示不满时，不妨先承认客户的观点有一定的道理，然后再进行转折，强调产品的优点和特色。

例如，当客户质疑产品的某一个功能时，销售人员可以回应："您说得有道理，不过，这种产品本身就是这样设计的，以便于……"

这样回应既尊重客户的意见，又突出了产品的独特之处，引出产品的设计理念，帮助客户更好地理解和接受产品。

总而言之，客户提出异议是正常的销售环节，不要急于反驳或强行推销，而是要站在客户的角度去思考问题，理解他们的担忧和诉求。根据客户说"不"的具体原因和小心思，有针对性地运用上述话术进行回应，不能一概而论，否则可能无法真正消除客户的疑虑，达不到扭转局面的效果。

在介绍产品、服务、优惠活动、质量保证等方面时，要提供真实、准确的信息。如果被客户发现销售人员在说谎或夸大其词，那么不仅无法消除客户的疑虑，反而会让客户对销售人员和产品更加不信任，彻底失去交易的可能。

04 找准时机促进成交的话术

在一场成功的销售中,识别"成交信号"极为关键。成交信号是客户在与销售人员互动的过程中,通过言语、行为或情感表达出购买意向的微妙迹象。这些信号可能有意为之,也可能无意中自然流露,而后者往往需要销售人员具备敏锐的洞察力去捕捉。

销售人员识别到客户的成交信号后,就到了需要"添砖加瓦"的时候,把握住成交的时机,促使客户拍板成交。下面是几种促进成交的基本方法:

1. 假设成交话术

销售人员在识别到客户的成交信号后,不再询问客户是否购买,而是假定客户已经决定购买,进而以客户已经购买的情境为基础,与客户沟通后续的相关事宜。

这种方法基于心理学上的暗示原理,通过语言和行为上的暗示,让客户在潜意识里更容易接受成交的事实,减少客户的犹豫和抵触。

> 🎯 **销冠话术**
>
> "好的,那我现在就给您登记一下售后服务信息哦。我们这款产品有一年的质保期,在这期间您要是遇到任何问题,都可以随时联系我们售后团队,我们会第一时间为您解决的。您看这样的售后保障您还满意吧?"
>
> "既然您已经选择了我们这款主产品,那我给您推荐一些搭配的配件吧。如果您喜欢,可以给您优惠价,一起带走。"

2. 直接请求话术

销售人员直截了当地向客户提出请求,希望客户能够当场做出购买的决定。

简洁明了地表达自己的意图,不给客户过多犹豫的空间,同时也显示出销售人员对产品和客户需求匹配度的自信,让客户感受到销售人员的诚意和决心。

> 🎯 **销冠话术**
>
> "先生/女士,我看您对我们这款产品确实很感兴趣,各方面也都挺满意的,那您看什么时候方便购买呢?"
>
> "您刚刚也了解到了我们这款产品的诸多优势,现在正是个好时机,因为我们目前有库存,而且能保证快速发货。所以您看能不能现在就拍板购买呀?"

"女士，通过刚才的沟通，我知道您一直在寻找一款能满足您需求的产品，我们这款产品恰好完美满足。您这边意下如何呢？"

3. 体验成交话术

让客户亲身体验产品或服务的效果，进一步引导客户从体验的感受出发，想象拥有产品后的长期好处，从而做出购买决定。

这种方法可以让产品"用事实说话"，给客户创造美好的体验，胜过推销人员的千言万语。

销冠话术

"我们提供免费的产品试用，您可以亲自感受一下效果。"
"先生，您刚刚试用了我们这款手机，感觉很不错吧？"

4. 优惠成交话术

通过向客户提供额外的优惠，来刺激客户的购买欲，这些优惠可以是价格折扣、赠品、延长保修期等。

客户觉得自己得到了实惠，就会更有兴趣购买。

销冠话术

"您好，我看您对我们这款产品挺感兴趣的，刚好我们现在有个限时折扣活动，在接下来的2小时内，您可以直接享受8折优惠。"

"我们目前正在进行满减活动呢，只要您购买金额达到500元，就可以立减100元哦。您看您刚刚挑选的这些产品，总价已经快到500元了，您再稍微加点儿东西凑够500元，就能享受这个优惠。"

5. 强化理由话术

在识别到客户的成交信号后，销售人员可以再次强调购买产品的各种理由，包括产品的优势、能解决的问题、带来的便利、与客户需求的匹配度等，通过对这些因素的强化，使客户更加坚定购买的决心。

不断给客户提供购买的依据，让客户在心里更加认可购买决策，从而克服犹豫的情绪。

销冠话术

"您之前不是说一直被噪音问题困扰吗？我们这款产品正好具有降噪方面的优势。"

"这款产品采用了最新的技术，性能超强，还解决了之前几代产品的短板问题。而且，产品保修期为5年，您不用担心使用过程中会出现什么问题。"

第六章

签单不是结束，而是刚刚开始

01 与客户建立长期稳定关系的话术

在销售过程中，签单往往被视为一次交易顺利结束，但实际上，这只是与顾客建立长期关系的开始。把顾客当过客，只会让你失去潜在的回头客和口碑传播者。相反，把顾客当成常客，用心维护这段关系，才能带来持续的业务增长和品牌忠诚度的提升。

具体可以参考以下方法：

1. 不要吝啬签单后的赞美

心理学告诉我们，人们在做出重要决策后，往往需要外部的肯定来巩固自我认同。签约成功后，别忘了适时赞美你的客户。客户在付款购买后，往往会经历"购后反思"的阶段，会对自己的决定有瞬间的怀疑。这时，一句恰当的赞美可以成为一剂强心针，不仅能够缓解他们的疑虑，还能增强他们对自己选择的信心。

> **销冠话术**
>
> "您做出了一个非常明智的选择。我们的产品在市场上虽然有很多同类竞品,但您能够精准地挑选到最适合您的,眼光真的很好。"(赞美客户的眼光)
>
> "您在众多选项中选择了我们,这说明您对我们的产品和服务非常认可。您的判断力真的很出色。"(赞美客户的决策)
>
> "这款产品在同类产品中真的很有竞争力,操作简便,性能优秀。您一定会非常喜欢的。"(突出产品的独特价值)
>
> "这次合作只是个开始,我们期待未来能与您建立更长久的合作关系。您的业务发展,我们也会全力支持。"(展望未来的合作)
>
> "您这次的选择太棒了,这款产品在市场上口碑超好,您真是慧眼识珠。"(肯定客户的明智选择)
>
> "您的选择让我们感到非常荣幸,我们会珍惜这份信任,确保您的每一项需求都得到满足。"(表达对客户的尊重)

2. 个性化的沟通与关怀

我们需要与客户保持长期关系,个性化的沟通是提升客户忠诚度的关键。

🎯 销冠话术

"我注意到您之前购买过我们的产品,并且很喜欢它的折叠功能。这次新推出的这款产品,在保留了您喜欢的特点的基础上,又进行了升级,相信一定更加适合您。"(根据客户过往购买记录,推荐合适产品)

"我知道您一直对天文领域很感兴趣,我们最近举办了一场研讨会,邀请了行业内的专家分享最新趋势和见解,您要是有时间可以来参加,说不定能给您带来一些新的启发。"(根据客户兴趣,提供增值服务)

"您之前提到希望能增加防水功能,我们研发团队经过努力,在这款新产品中已经实现了这个功能,您体验后有任何意见都可以随时跟我们说。"(满足客户特定需求,展示对客户的重视)

"最近天气转凉了,您要注意保暖。我给您推荐的这款暖桌垫,在保暖性能上非常出色,特别适合这个季节使用。"(生活关怀,拉近与客户的距离)

02 用赠品和增值服务给顾客带来惊喜的话术

在销售中，让人无法拒绝的"诱饵"，往往是免费的赠品、样品、试用装等。这些"甜头"能让人感觉自己占了便宜。

比如，在直播间卖化妆品新品，主播可以对曾购买过产品的老客户说："我送你2袋新品试用装，再送你运费险。你要是用了觉得不满意，7天内无理由退换，你不用花一分钱。"

这时候，很多人都会心动：白得2片面膜，还不承担任何风险，何乐而不为？

销售高手总是善于利用这一点。他们知道，免费的"诱饵"是最有效的武器。一旦客户接受了这份"礼物"，心理上就会产生一种义务感，在试用后，会更加倾向于购买产品作为回报。

这种心理被称为"互惠原理"。在客户享受免费试用的同时，销售已经成功地打开了客户的心门，为进一步推销创造了机会。

下面是几个常见的赠品方案：

1. 强调赠品价值的话术

"您可太有眼光啦，一眼就相中这款限量运动鞋！现在还有超酷的赠品——定制运动背包，价值300元！这背包防水又实用，分层超多，还特别轻便，出门运动装各种东西超方便。一定要抓住机会，错过这次，可就真的亏大啦！"

"今天入手这款扫地机器人简直赚翻了！它清洁超给力，路线规划也超智能，而且还送价值500元的空气净化器滤网，用的是超厉害的高效HEPA技术，净化空气那叫一个绝，分分钟让家里空气变得清新又健康，简直是家居必备好物组合！"

2. 强调赠品限量的话术

"现在买这款专业摄影相机免费送专业摄影三脚架，航空铝合金材质，又坚固又轻便，最大承重10公斤，不管是拍风景、人像，还是长时间曝光，都能稳稳托住相机，帮你轻松拿捏大片质感！但是只限量前20名哦！抓紧时间抢购，晚了就没有啦！"

"这可是给咱优质客户的专属福利！只要你是前30名购买新款平板电脑的，直接送蓝牙无线键盘！有了它，在平板上办公、学习效率直线飙升，机会难得，手快有手慢无，赶紧下单把它带回家！"

3. 强调赠品实用性的话术

"家人们都知道，健身的时候要是没有好的防护，很容易受伤。现在购买这款健身器材，我们直接送专业运动护具！运动时戴上它，能有效保护你的关节，缓解运动压力，让你尽情挥洒汗水，没有后顾之忧，放心开启健身之旅！"

4. 强调赠品与主产品组合效果的话术

"现在入手这款咖啡机，直接送拉花杯和精选咖啡豆！用咖啡机煮好香浓的咖啡，再用拉花杯轻松拉出漂亮的图案，瞬间提升咖啡的颜值和格调，搭配上优质咖啡豆，每一口都是顶级的咖啡享受！"

5. 提供售后增值服务的话术

"感谢您的下单！我们给您安排了专属售后客服，以后产品有任何问题，比如使用中遇到故障、需要咨询保养方法，都能随时联系客服，一键解决您的困扰，让您售后无忧！"

"感谢您的支持！这款美容仪下单后，我们会为您开通专属线上课程，我们有资深的专业美容师为您指导如何护肤，让您轻松变美，绝对超值！"

6. 鼓励老客户带新客户享受优惠的话术

"感恩家长一路相伴！想不想和亲朋好友共享咱们家的优质产品？现在您邀请新客户下单，双方都能获得价值50元的优惠券，并且在新客户下单后，您还能单独享有50元的返券。和朋友一起享受生活好物，还能省钱，何乐而不为呢？"

"亲爱的老客户，感谢长久以来的信任！这次邀请新客户下单，新客户立减30元，您除了能得20元无门槛券，累计邀请3位新客户，还能升级为我们的VIP会员，享受全年85折特权和专属赠品，快开启您的专属福利之旅吧！"

03 做好售后反馈，让服务更上一层楼

很多人普遍存在一种误解，认为售后服务总是与产品问题挂钩，是负面的。因此，许多人对公开售后服务内容持保留态度，甚至避而不谈。然而，积极展示售后服务承诺至关重要。它能够消除客户的疑虑，增强信任，从而有效促进销售。

实际上，售后服务可以分为以下两大类。

被动售后服务：客户发现产品问题并主动联系商家时，虽然商家处于被动状态，但如果能够迅速、妥善地处理危机，就能将潜在的负面情况转变为提升品牌形象的机遇。

主动售后服务：在客户购买产品后，商家主动跟进，询问他们的使用体验。这不仅展现了商家对客户的关怀和责任感，还能加深客户对品牌的好感和忠诚度。

那么，如何通过售后服务提升客户满意度和对品牌的忠诚度呢？以下是一些具体的方法。

1. 表明服务原则

售后服务不是产品瑕疵的遮羞布，而是品牌信誉的金字招牌。在销售活动中，销售人员必须毫不含糊地向客户宣告售后服务原则，这不仅是对客户承诺的宣言，更是对品牌价值的坚守。

> "最近杧果销量大增，加上天气炎热，快递运输过程中可能会有挤压导致果皮破损的情况。"
>
> "如果收到的杧果有任何质量问题，请第一时间联系我，我会根据您的反馈按数量赔偿相应的金额。"
>
> "优质的产品才是赢得顾客信任的关键，因此无论是选品还是发货环节，我都力求做到最好。只希望您购买时放心、收货时满意、享用时愉悦。"

2. 询问售后反馈

（1）直接沟通

电话回访：直接打电话给客户，询问他们的使用体验和对售后服务的满意度。

面对面交流：如果可能，安排面对面的交流，以便更深入地了解客户的需求和反馈。

电话回访示例

开场白：礼貌地介绍自己，并说明来意。

"您好,我是(公司名)的(姓名),我们注意到您最近购买了我们的产品。我想了解一下您的使用体验,可以吗?"

询问具体问题:提出具体的问题,引导客户分享他们的感受。

"请问您对产品的使用感觉如何?是否有什么功能让您觉得特别满意或不满意?"

倾听和记录:认真倾听客户的反馈,并做好详细记录。

感谢和跟进:在结束通话前表示感谢,并告知客户他们的反馈将如何被处理。

"非常感谢您提供的宝贵意见,我们会根据您的反馈进行改进。如果有任何后续问题,请随时联系我们。"

(2)在线调查

电子邮件调查:发送定制的电子邮件调查问卷,让客户可以方便地在线填写。

网站反馈表:在公司网站上设置一个反馈表,让客户可以直接提交他们的意见。

电子邮件调查示例

简洁明了的主题行：确保邮件主题明确，让客户知道这是一封关于售后服务的调查邮件。

> "感谢您购买这款产品！请花一分钟时间填写我们的满意度调查。"

简短的引言：简要介绍邮件的目的。

> "我们希望了解您对我们产品的使用体验，以便我们不断改进。"

具体问题：列出几个关键问题，让客户可以选择回答。

> "您对产品的满意度如何？（非常满意/满意/一般/不满意/非常不满意）"

开放式问题：提供一个开放性的问题，让客户可以自由表达他们的意见。

> "您有什么建议或意见可以帮助我们改进产品和服务吗？"

结束语和联系方式：感谢客户的参与，并提供联系方式以便进一步沟通。

"再次感谢您的宝贵意见！如果您有任何问题或需要进一步的帮助，请通过（联系方式）与我们联系。"

附录

精华：
销冠必背的
103条话术

开场的破冰话术

✗ 普通话术

您好,欢迎光临,看看我们有什么能帮到您的?

您好,最近我们有优惠活动,您感兴趣吗?

您好,耽误您两分钟了解一下。

销冠话术

1. 我不推销,我只是推荐。您若相信,可以合作;您若不信,可以了解;您若需要,我正好专业;您若找我,随时恭候。

2. 您眼光真好!这是本月的销冠产品。

3. 我看到您在浏览我们的产品,是不是正好有需要呢?让我用一分钟时间,给您展示一个让您惊喜的功能。

4. 您好!今天您来得太巧了,我们刚到一批超赞的新品,特别适合您,一定要了解下!

5. 我知道您在挑选产品时,肯定很看重性价比。我们家这款产品,不仅性价比高,还有其他品牌没有的独特优势,您听听看。

6. 您好!我们今天有个优惠,这次的活动力度空前,而且只有今天才有这个价,错过就太可惜啦!

激发客户购买欲望的话术

✕ 普通话术

这款产品真的很适合您,买了肯定不会后悔。

很多人都买了,反馈都说不错。

错过这次机会,您可能会后悔哦。

🎯 销冠话术

1. 拥有这款产品后,您的生活质量将会有一个质的飞跃。

2. 您继续用旧方法,1个月多花500元;换成我们的方案,1年省下的钱够全家旅游。

3. 购买这款产品,不仅是投资自己,更是对未来的一份美好期待。

4. 我的好几个和您情况相似的客户,用了这款产品后,直接解决了困扰自己很久的问题。您也可以试试,希望您成为下一个受益者。

5. 要是您今天决定购买,我可以帮您申请一个特别的优惠套餐,包含额外的增值服务,这可是一般客户享受不到的。

6. 您先别急着做决定,要不我给您安排一周免费试用,您在家体验一下产品效果,满意了再买,这样您也放心。

如何和客户建立信任的话术

✗ 普通话术

我们这性价比高,价格很实惠。

我们产品质量没问题,放心买。

很多人买了我们的产品,都说好。

销冠话术

1. 不同的价位代表了不同的品质,贵的不一定适合你,但便宜的一定不适合你。适合你需求的才是最重要的。

2. 性价比比的就是服务、细节、专业、效果还有售后,而不是简单的一句价格便宜。

3. 我宁愿您嫌我烦,嫌我啰唆,也要多解释一句,因为我宁愿因为价格解释一阵子,也不愿意因为品质道歉一辈子。

4. 能征服人心的,一定不是价格,而是品质;能发展下去的永远不是侥幸,而是专业!

5. 您先别急着下单,看看这些老客户的真实评价再决定。

6. 这是质检报告和原料溯源视频,假一罚百万,敢承诺因为真材实料。

7. 您随便比三家,比完告诉我哪家更实在,我现场给您分析优劣。

8. 买不买没关系,我先教您5个避坑技巧,下次买任何品牌都用得上。

9. 您要信不过，咱们先签协议：不满意，30天无理由退全款。

直击客户痛点的话术

✗ 普通话术

我们明白，价格和质量都是您关心的，我们在这方面做得不错，您可以放心。

像很多专业人士一样，您可能也希望选择一个可靠、稳定的产品。

健康是每个人的大事，选择产品时，还是要多关注它的健康效益。

销冠话术

1. 这款产品很多客户都与其他同类产品对比过，但最终还是选择了这一款，给自己投资才是最智慧的选择。

2. 决定价格的不是我，是价值、是品质、是效果。

3. 您知道为什么医生从不推荐廉价替代品吗？因为专业的人只对结果负责。

4. 买错比买贵更浪费钱——您可能省下了一时的成本，但用错产品浪费的时间、精力和机会，才是真正的损失。

5. 健康不能打折——您愿意为了一时便宜，赌上身体吗？

6. 选择一款真正适合您的产品，才是对时间和精力的最好投资。

进行价格谈判的话术

✗ 普通话术

这已经是最低价了，不能再便宜了。

我们质量好，贵有贵的道理。

如果您现在决定购买，我可以给您打个折。

销冠话术

1. 物美价廉永远是一种营销手段，从古至今，都是一分价钱一分货，您花买萝卜的价钱，永远买不到人参。

2. 我没有办法给您最低的价格，但是我可以给您最好的品质跟服务。

3. 免费跟低价才是最贵的产品，因为它花了您的时间跟金钱，但没有解决您的问题。

4. 价格高是我的问题，不是您的问题。我去申请额外赠品补偿，但需要您今天确认下单。

5. 仅凭低价去换销量的话，就会想方设法降低成本，质量很难有保证。

6. 不要看贵，要看对不对。适合您的贵也不贵，不适合您的，再便宜也是贵。

7. 您知道比价格更贵的是什么吗？是信任——我们省下的每一分钱都在售后里加倍还给您。

8. 您说贵了3%，但产品寿命多3年，每天成本不到一毛钱，这账划算吗？

9. 您看中的是价格还是价值？价格只能管今天，价值能管用3年。

10. 您不是为价格买单，而是为3年省下3万维修费买单！

11. 您要的折扣我申请到了，但得今天定——老板说这价明天就失效。

12. 您需要的不是便宜，而是价值。人贵在内涵，物贵在品质。

13. 贵的产品除了贵，其他都是优点，便宜的东西除了便宜，其他都是毛病。

客户犹豫不决时的催单话术

✗ 普通话术

您再考虑考虑吧，想好了联系我。

现在不买，明天活动就结束了。

这么好的产品，错过就没了。

您要是嫌贵，可以看看便宜款。

销冠话术

1. 您今天定下来，我多送您1年质保，但名额只保留到下午5点。

2. 您选A套餐还是B套餐？选A的话现在付款，我多送您一次上门服务。

3. 我现在帮您走流程，您坐这儿喝杯茶等就行。

4. 您今天不定，下次再来可能就是原价了。但您现在签，我帮您锁住当前折扣+赠品。

5. 已经有8个客户在排队等库存，您确定还要犹豫吗？

6. 您看中的这款只剩最后3件了，需要现在帮您锁定库存吗？

7. 今天定，送价值299元的礼包，过了24点系统自动取消赠品。

8. 您要现在定，我破例申请老客户专属折扣，但得保密哦。

9. 合同已经准备好，您是刷卡还是转账？

10. 系统显示优惠券23:59失效，需要现在帮您锁定吗？

11. 这是最后一份样品，您要保留还是让给下位客户？

12. 很多客户在付款前都犹豫，但付款后都说早该行动。

客户有异议时的应对话术

✗ 普通话术

您的担心我能理解，不过您可以再考虑一下，我们产品其实挺不错的。

关于这个问题，我可以给您详细解释一下，希望能消除您的疑虑。

其实很多客户都反馈我们的产品挺不错的，您可以参考一下他们的意见。

🎯 销冠话术

1. 客户说"太贵了"——贵说明您对生活有要求，我们的客户都是这样的。

2. 客户说"别家更便宜"——我教您3个问题问倒低价商家。

3. 客户说"再考虑下"——考虑是应该的，您主要考虑哪方面？我来补充信息。

4. 客户说"不需要"——很多客户最开始都这么说，直到发现这个隐藏功能……

5. 客户沉默时——您是在担心效果还是价格？咱们对症下药。

挖掘客户需求的话术

✗ 普通话术

请问您对这款产品有什么具体的需求或期望吗？

您平时主要用这款产品来做什么呢？

请问您更看重产品的哪些方面？是价格、性能还是售后服务？

销冠话术

1. 您能具体描述一下您希望这款产品能为您带来什么样的改变吗？我们可以帮您找到最适合的解决方案。

2. 如果您选择这款产品，您最希望通过它实现什么目标？我们可以根据您的需求进行个性化推荐。

3. 您平时使用类似产品时最受困扰的问题是什么？我们的这款产品刚好可以完美解决这个问题。

4. 如果您现在拥有了这款产品，它会如何帮助您提升效率或生活质量？我们可以根据您的需求进行详细讲解。

5. 请问您在选择这款产品时最看重的因素是什么？我们可以重点为您介绍这一点。

6. 如果您用过其他品牌的产品，您觉得它们有哪些不足之处？我们的这款产品在这些方面做了很大的改进。

7. 请问您平时使用这款产品的场景是怎样的？我们可以根

据您的使用习惯为您推荐最合适的功能搭配。

8. 如果您现在选择这款产品，我们可以为您提供一个专属的解决方案，您觉得如何？

9. 请问您对这款产品的价格区间有什么预期？我们可以帮您找到性价比最高的选择。

10. 如果您对这款产品有任何疑虑或担忧，我们可以为您详细解答并提供相应的保障措施。

直播间成交话术

✗ 普通话术

错过今天再等一年！这个价格真的是血赚！

这款商品不仅质量好，价格还特别亲民。

今天这款商品真的是库存不多了，想要的赶紧下手！

全场最低价！今天不下单真的会后悔！

🎯 销冠话术

1. 刚进来的宝宝扣1，抽10人送价值599元的大礼包。

2. 运营在改价了！现在拍下自动减200元。

3. 这款已经爆单了！工厂说最多再撑10分钟。

4. 三二一上链接！手慢无啊！姐妹们冲啊！

5. 这个价格真的是血赚！买3件还能享受超值折扣！

6. 前100名下单还送豪礼！手慢无啊！

7. 亲们，现在是限时秒杀环节，这款产品原价××，现在只要××，赶紧抢购吧！

8. 现在下单的朋友，我会在直播间抽取3位幸运观众送神秘大礼，赶紧下单吧。

9. 直播间专属福利倒计时！3分钟后恢复原价，家人们手速要快。

电话销售成交话术

✘ 普通话术

您好，打扰一下，我是（公司名）的（名字），想简单给您介绍下我们的产品。

您好，我是（公司名）的（姓名），不知道您现在方便说话吗？"

您在日常使用中有没有遇到过（痛点问题）呢？我们这款产品可以很好地解决这些问题。

销冠话术

1. 客户说"没时间"——时间可以用来挣钱，也可以用来省钱，我们新出了一个爆款产品，可以帮您节省巨大的成本，您有兴趣听听吗？

2. 客户说"不需要"——您现在需不需要没关系，您可以多了解一下，没准儿以后需要呢？

3. 客户说"在出差"——只占用您1分钟时间，没准儿可以帮到您，多一份了解，多一份机会。

4. 客户说"我没钱"——了解不需要花钱，我们可以交个朋友，帮您挣更多的钱。

5. 客户说"我在开车，不方便"——我10分钟后给您回电您看可以吗？只需要2分钟时间，让您了解一下这一行业都是如何做的。即使不需要，您也可以做个参考。

6. 客户说"不感兴趣"——理解您的想法，不过不妨先了解一下这个产品的许多优点，也许会改变您的想法。

售后服务锁客的话术

✗ 普通话术

您放心买，要是产品有质量问题，您直接拿到店里来，我们肯定给您解决，包您满意！

您好，我们注意到您之前反馈的问题，已经安排专人处理，稍后会与您联系。感谢您的支持。

您好，您购买的产品已经有一段时间了，不知道使用体验如何？如果有任何问题，我们随时为您服务！

销冠话术

1. 骗人的生意不长久，长久的生意不骗人，有一种服务叫回头客。

2. 不愧对每一份信任，是我做人的标准；不辜负每一位客户，是我做生意的信条。

3. 您放心，没有一个销售会故意报高价吓跑客户。

4. 一份信任难能可贵，您选择信任，我定不负所托。

5. 一路走来有多少人从陌生变成顾客，从顾客变成朋友。我选择了真诚，您选择了信任。谢谢您的一路陪伴。

6. 这是您的专属服务群，工程师24小时待命。

7. 每月15号主动提醒您做设备保养。

8. 您推荐的客户下单，立刻返现200元到您账户。

9. 系统显示您快需要补货了，建议现在下单避开高峰期。

10. 您好，我是（品牌名称）的（姓名）。上次您提到产品使用中的一些小问题，我已经记录下来了。今天特意为您准备了一份小礼品，感谢您的支持！

11. 您好，上次您在我们这里购买产品，我印象特别深刻。您对我们产品的支持，我们一直记在心里。这次我们推出了一款新品，非常适合您，您可以考虑一下哦！

12. 您好，我是（品牌名称）的（姓名）。您之前购买的产品已经升级了，性能更强大，价格也很划算。您作为老客户，我们还有额外折扣哦。

朋友圈营销话术

✗ 普通话术

很多客户用了我们的产品都反馈很好，效果真的不错，感兴趣的朋友可以了解一下。

新品上架！今天下单立减50元，快来选购你的专属好物吧！

超值组合套装，买一送一！快来抢购吧！

每天只需一杯咖啡钱，就能拥有健康好身材！

◎ 销冠话术

1. 各种低价秒杀，天天买买买，老公也不好意思说我败家，完美！

2. 他们都说我败家，我现在让他们没有理由再这么说我。有这样一个平台，物美价廉，搞得我每天都要下单。

3. 真正对你好的人，不会只劝你省钱，而是教你花钱变值钱！投资自己永远不亏！

4. 客户说："幸好当时没贪便宜。"（配转账截图）

5. 又一位客户复购5套！这已经是本月第17位了。

6. 凌晨2点的仓库，为赶工订单灯火通明。

7. 老客户转介绍破纪录！感恩信任接力。

8. 爆款预警：库存告急通知。（配实时库存截图）

9. 3天免费试用+专属优惠券！体验过后你会爱上它。